生かされて生きる

～震災を語り継ぐ～

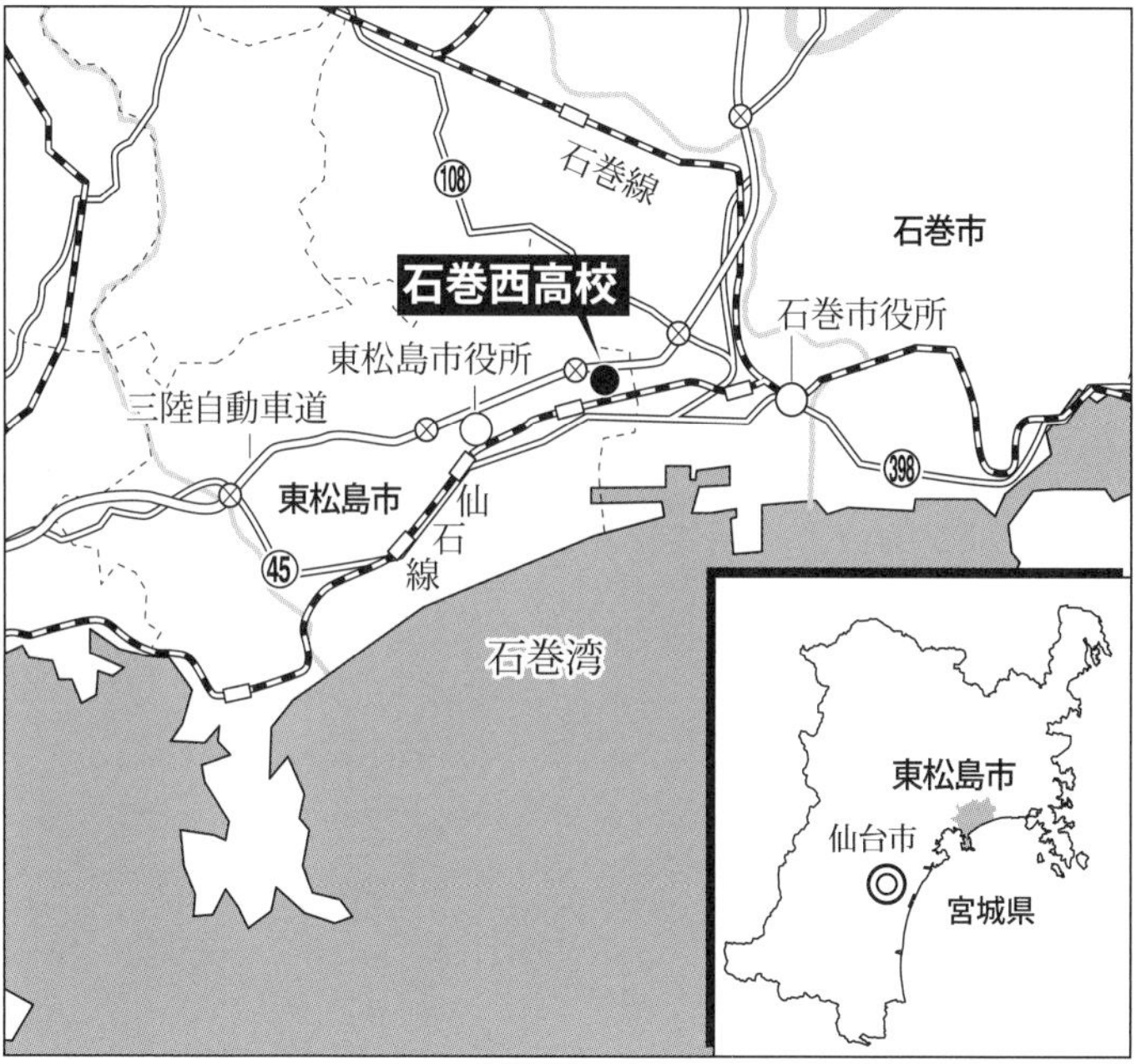

石巻線
108
石巻市
石巻西高校
石巻市役所
東松島市役所
三陸自動車道
398
東松島市
仙石線
45
石巻湾
東松島市
仙台市
宮城県

◇プロローグ

再会、そして別れ――

長い教員生活の中で大きな試練に直面したとき生徒から勇気をもらうことがある。私にとって長沼美智代という生徒がそうだった。彼女は、教師になることを夢見て何事にも全力で取り組む生徒だった。飯野川高校に初任教員として赴任してから卓球部の顧問をしていたが、気負いと焦りから空回りの指導ばかり続いていた。そのとき、私の気持ちを察した彼女は、

「先生のやり方で指導してください」

と、力強く励ましてくれた。彼女とは、東日本大震災が発生する前の年に再会することになる。

二〇一〇年、石巻西高校の教頭として赴任した四月初め、一年生のあるクラスが自習時間になった。新入生に対して、高校生活の過ごし方についてアドバイスをしてあげようと考えてそのクラスに向かった。話の中で新任教師時代に出会った「教師を育てる生徒」について話し始めたとき、

「先生、それは私の母です」

と、一人の生徒が目を輝かせて叫んだ。まさしく運命的な出会いである。その日の夕方、なんとも不思議な心持ちのまま職員室で感慨にふけっていたときに、突然外線電話が入った。夕方にかかってくる電話は、大体が生徒の事故や苦情の電話の方が多い。落ち着いて受話器を取り、少

し改まった口調で話し始めると、

「幸男先生、美智代です」

と、懐かしい声が受話器の向こう側から聞こえてきた。長沼美智代だった。彼女は、結婚して鈴木の姓になり、両親と同居しながら石巻市の大川小学校に勤務していた。彼女の生家は、新北上川沿いの橋浦地区にある。自宅の二階からは、対岸にある大川小学校を望むことができる。

「長女が西高でお世話になるのでよろしくお願いします」

と、かしこまって話すので、

「突然の電話だからびっくりするじゃないか。改まった話し方なんかするな」

と、音信不通だった長い年月を忘れて高校時代の思い出や結婚してからの生活、そして勤務校の大川小学校のことなどについて話した。

その後、子育ての相談などで何度か大川小学校に出向くようになった。彼女は、「あすなろ学級」という支援学級の担任だったので、私の方から教室を訪問することにした。大川小学校のある釜谷地区には、飯野川高校時代の教え子も多く、訪ねるたびに当時の様子を思い出した。大川小学校の駐車場に車を停めてから事務室に挨拶をすると、職員が笑顔で迎えてくれ彼女のクラスまで案内してくれた。そして、初任時代の思い出にひたりながら教育問題や子育てのことについて語り合った。

二〇一一年三月十一日、十四時四十六分に地震が発生し、巨大津波が大川小学校を襲った。石巻西高は、自主学習や部活動などで登校している生徒はいたが、三月十一日は休業日にしてい

「あの日」止まったままの時計

ありし日の大川小学校

た。そして、この日から全校生徒との連絡がとれなくなってしまった。さらに、避難してくる人たちへの対応に追われることになり、すべてが混乱の中に取り残されていった。

その日の夜になってからさまざまな情報が飛び込んできたが、彼女は「あすなろ学級」の二人を連れて無事に避難しただろうと思っていた。しかし、携帯電話で何度も名前を呼び続けたが、返信はなかった。

数日後、大川地区に住む三名の在校生の訃報が届いた。石巻西高は、教職員だけでの避難所運営を余儀なくされたので、次から次と直面する業務に忙殺されていった。そして、在校生の安否確認をしているときに、彼女の訃報を耳にすることになった。

私が、大川小学校を訪れたのは、四十四日間の避難所運営を終えた五月に入ってからだった。

「なぜ、こんなことが」

と、言葉にならず胸が締めつけられた。「あすなろ学級」の時計は、「あの日」止まったままである。

災間を生きてきた――

一九五四（昭和二十九）年六月二十五日、私は松島湾の離島で生まれ、潮鳴りの音を聞きながら育った。少年時代は、自然の恵みを思う存分に受けた。

一九六〇（昭和三十五）年五月二十三日、浦戸第一小学校に入学してまもなく、南米のチリでマグニチュード9・5の地震が発生し、巨大津波が太平洋を横断して日本列島の沿岸に達した。大きな地震の揺れを体験したわけでもなかったので、姉に連れられて海を見に行った。そのとき、ものすごい勢いで潮が引いて行き、海底が見えて向かいの島まで歩いて渡れるほどになった。周りの大人たちが、

「津波が襲ってくるぞ」

と騒ぎだしたので、慌てて菩提寺になっているお寺に逃げた。そのとき、水平線から山のように盛り上がった津波が、まるで巨大な壁のように押し寄せて来るのが見えた。

その後、お寺での避難所生活が何日か続き、地域の人たちが食糧を提供してくれた。地域の人たちの協力もあり、床上浸水した自宅にも戻ることができてどうにか住めるようになった。

一九六六（昭和四十一）年九月六日、私が小学六年生の時に父親は四十八歳の若さで他界した。私の郷里では、葬送のときに長男が位牌を持つことになっていた。さらに、離島だったこともあり土葬の風習がまだ残っていた。父親の埋葬を見守ったときの光景が私の脳裏に焼きつけられ、

幼かった私は、死んだら土に埋められるものだと思いこんでいた。

一九七八(昭和五十三)年六月十二日、大学四年生のときに宮城県沖地震が発生した。仙石線が不通になったので、友人の自転車を借り、ガラスが飛散した場所や水道管が破裂して冠水している場所を避けながら、国道45号線を塩釜まで走り通した。

翌日からは、通学で利用していた仙石線が運休になったが、大学に行く用事があったので線路の上を歌を口ずさみながら歩いて仙台に向かった。

一九七九(昭和五十四)年四月、旧河北町飯野川で妻と二人だけの新婚生活をスタートした。離島育ちの私にとって、壮大な北上川を眺めながら暮らせたことは、その後の人生で大きな意味を持つことになる。そして、飯野川高校での六年間が、教師としての原点となった。

二〇〇三(平成十五)年七月、宮城県北部地震が発生。私は仙台一高に勤務していた。とくに、震度6強の揺れに襲われた南郷町(現美里町)、鳴瀬町、矢本町(現東松島市)は大きな被害を受け、震度6弱の揺れが鹿島台町、河南町(現石巻市)、小牛田町(現美里町)、桃生町(現石巻市)、涌谷町を襲った。勤務地が仙台市内だったので、直接的な被害もなく、災害に対する意識は変わらなかった。

同年九月六日、この日は父親の命日だったが、自分の親よりも長生きができたことにホッとした。漠然とではあるが、父親の年齢より一日でも長く生きたいと願う気持ちがずっとあったからだ。人間は自分の親よりも長生きして、初めて「いのちをつなぐ」役割を果たせたと感じるものだ。その日、海外で暮らす長男に宛てて手紙のように長いメールを送った。

二〇〇八(平成二十)年六月、岩手・宮城内陸地震が発生。私は仙台西高で教頭として勤務していた。岩手県奥州市と宮城県栗原市において、最大震度6強を観測し、被害もこの二市が中心だった。このときから、瞬時に生命の危険にさらされる土砂災害について考えるようになった。偶然にも当時の仙台西高には、防災教育に熱心な教員がいて、職員室には東北大学と連携して緊急地震速報も設置されていた。また、他県からの視察やメディアの取材も多くなり、防災教育のあり方について考える機会が増えていった。

二〇一〇(平成二十二)年四月、石巻西高に異動が決まった。無我夢中で生徒と向き合っていた新任教師時代の教え子が、この地域で暮らしていることを思うと、初心に返って働こうと言い聞かせて着任の日を迎えた。

二〇一一(平成二十三)年三月十一日、十四時四十六分。東日本大震災発生。千年に一度ではなく、百年に一度でもなく、十数年に一度の大きな地震だった。

思えば私は、チリ地震津波と東日本大震災の約五十年の災間を生きてきたことになる。東日本大震災とチリ地震津波との一番の違いは、地震を体験してからの巨大津波だったことだ。

第Ⅲ部　いのちをつなぐ教育

第Ⅰ部　いのちと向き合う

第一章

大人の経験知と判断

災害時によく言われるのが、「自助・共助・公助」である。

「自助」とは、文字通り自分で自分を助けること。非常食の準備、家屋の耐震補強、着衣泳などがその例である。「津波てんでんこ」とは、自分が助かることによって、はじめて人を助けることができるという言い伝えである。

「共助」とは、自分や家族だけでなく地域のコミュニティーによる助け合いである。実際に災害が発生したときの避難所生活や仮設住宅での生活などである。

「公助」とは、自衛隊、消防署、警察署などの救助活動や行政による避難所の開設、仮設住宅の建設などがその例である。

二〇一六年四月に熊本地震が発生した頃の私は、震災の教訓を語り継ぐために全国に足を運ぶことが多くなった。学校再開後の子どもたちの様子や震災の教訓などを語り伝えたが、避難所運営についてふれることは少なかった。たとえ話したとしても、当事者意識を持ってもらえないだろうと思っていたからだ。

しかし、熊本地震の発生が、それまでの私の意識を変えた。避難所生活を送るような災害が、日本のどこでも発生すると思い知らされたからである。

「ウェビング」に救われる

二〇一七年三月、神奈川県大和市で「高校生による福祉防災研修」が開催され、実際の避難所運営体験にもとづくワークショップを行った。そのとき、参加していた一人の小学生が言った。

「本部長がそこにいなかったり、風邪を引いて休んだときはどうなるの」

その言葉が、災害発生直後の混乱期の避難所運営を思い出させてくれた。

ワークショップの最後に避難所運営図を描くときになり、経験知が豊かな大人たちは、避難所運営本部を上に配置する図を作成した。

しかし、子どもたちは、大人とは異なる発想をしたのである。

「運営本部を真ん中に描こう」

避難所の運営本部を中心に配置したことにより、避難者ひとり一人が自分の役割を自覚して行動することができたのである。この発想だと、まず情報の伝達が早くなり、緊急事態にも手際よく対応ができる。またこれは、情報発信型ではなく情報集約型の発想であり、担当者同士が「顔の見える関係」になり、さらに自分の行動に責任を持つようになる。

運　営　図

・少しのガマン～

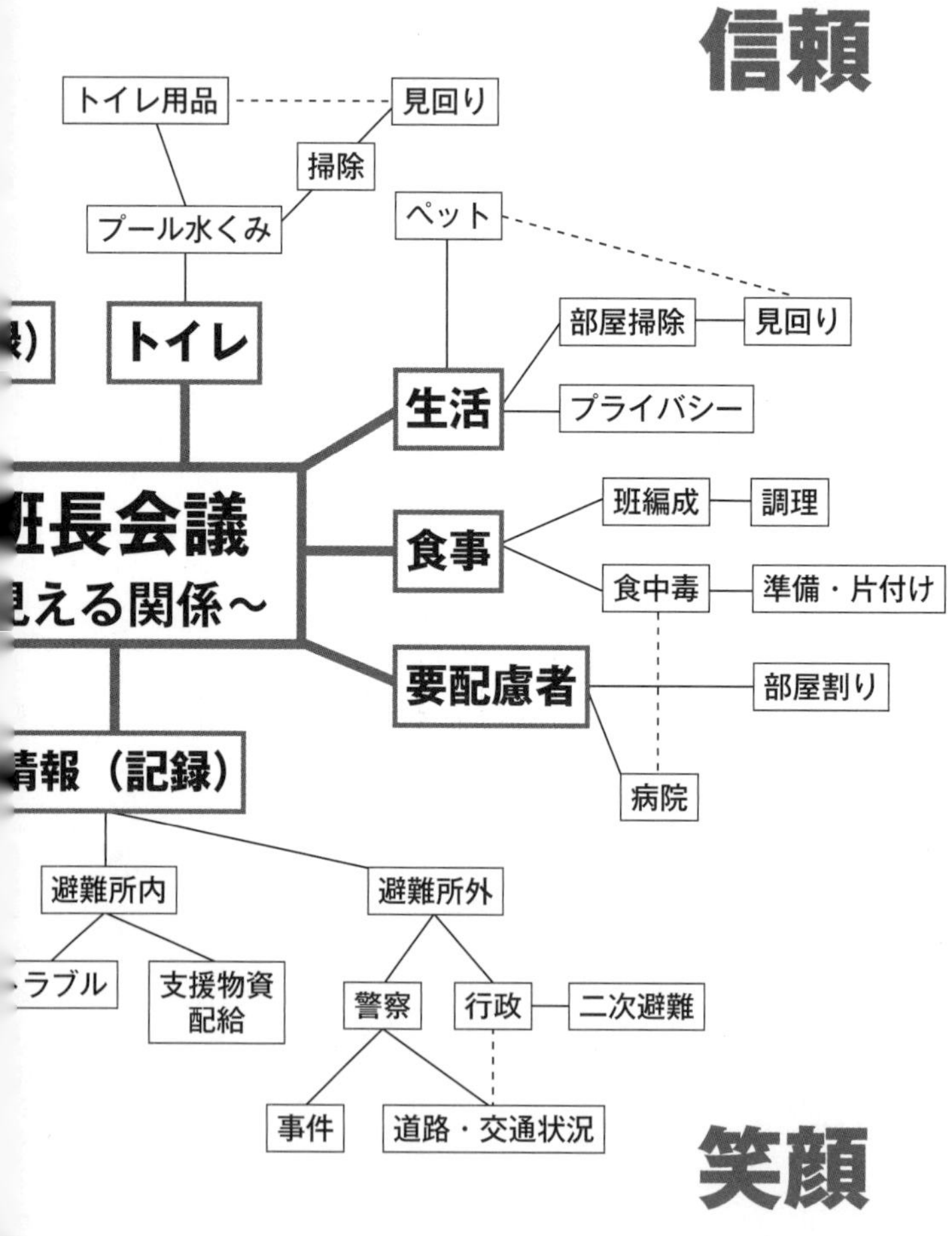

信頼
トイレ用品
見回り
掃除
プール水くみ
ペット
トイレ
部屋掃除
見回り
生活
プライバシー
長会議
える関係～
食事
班編成
調理
食中毒
準備・片付け
要配慮者
部屋割り
病院
報（記録）
避難所内
避難所外
ラブル
支援物資
配給
警察
行政
二次避難
事件
道路・交通状況
笑顔

子　ど　も　た　ち　が　考　え　る　避　難　所　運　営

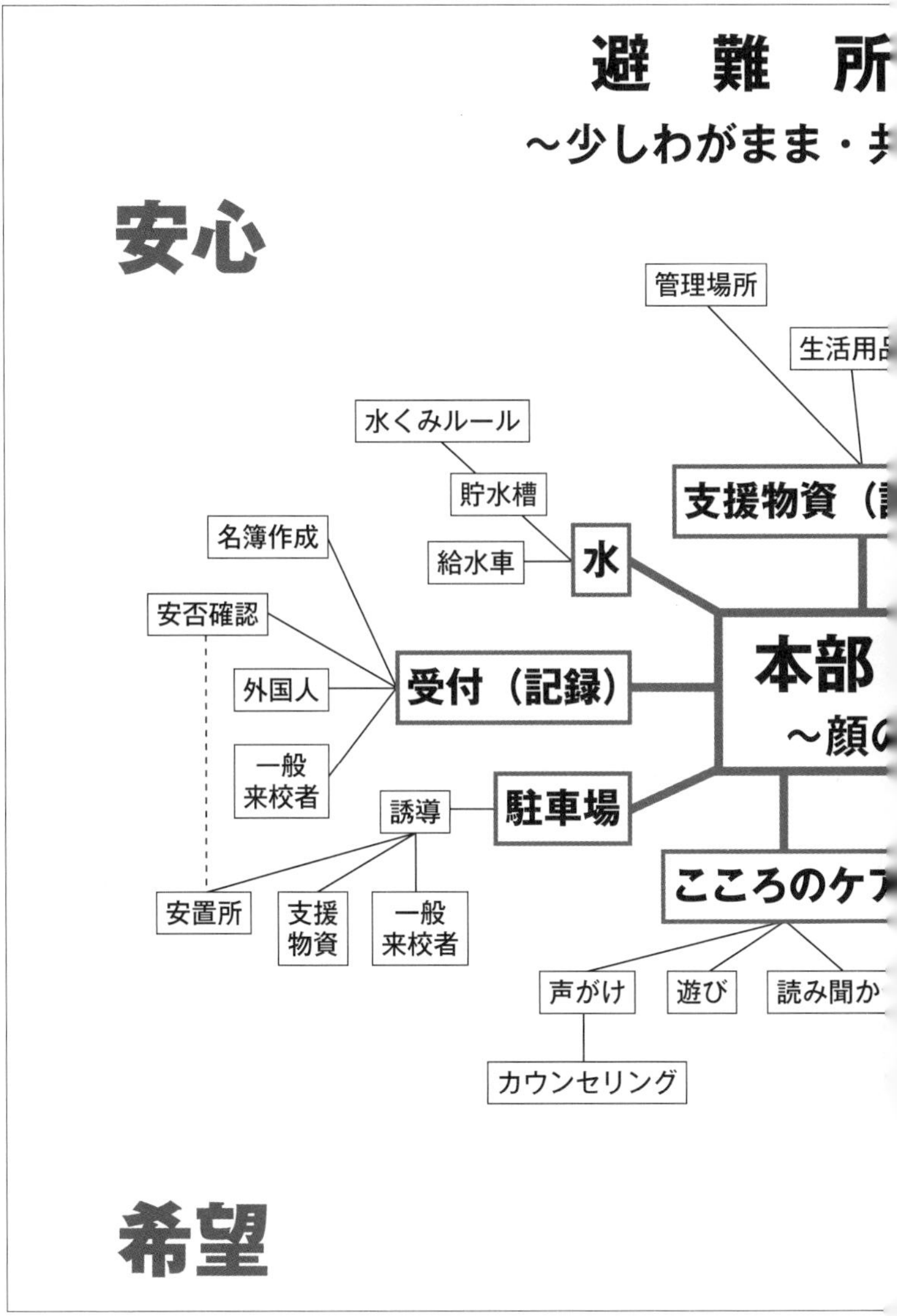
避　難　所
～少しわがまま・共
安心
管理場所
生活用品
水くみルール
貯水槽
支援物資（
名簿作成
給水車
水
安否確認
本部
受付（記録）
外国人
～顔の
一般
来校者
誘導
駐車場
こころのケア
安置所
支援
物資
一般
来校者
声がけ
遊び
読み聞か
カウンセリング
希望

結果として、不要なトラブルが発生する抑止力にもなる。避難所生活の混乱やトラブルの背景には、どうしても「公助」任せの気持ちが強くなることが多いからだ。避難所生活においては、「少しワガママ」な言動はやむを得ないとしても、「少しのガマン」の生活を心がけなければならない。不便な生活の解決方法を「公助」任せにすると大変な混乱を招きかねないのが、災害直後の混乱期の避難所生活である。このような「共助」の発想を「ウェビング」という。まさにウェブ社会と災害大国を生きる日本人に対して、発想の転換と生活の見直しを迫っていると言える。

子どもが大人になる

小学生の言葉は、私の中で整理しきれていなかった課題を解決するヒントになった。「大人の経験知」による判断に頼りすぎると、なぜ実際の避難所運営の混乱が生じてしまうのか、どうしたら実践的な避難所運営ができるのかについて納得することができた。この「ウェビング」の発想に気づかせてくれたのは、「生活の経験知」は少ないが、素朴な発想力を持った子どもであったことに意味がある。

考えてみれば、ウェブ社会を生きている子どもの発想がここに投影されるのは当然のことだとも言える。「生活の経験知」の乏しい子どもが、「ヨコ」の人間関係を考えること自体、ごく自然のことだからだ。子どもたちは、意識しないで「共助」を表現するのである。思い起こせば、石巻西高の避難所運営の初期対応もそうだった。

さらに、中心に本部を置いた避難所運営では、子どもたちに役割を与えることによって「大人に必要とされる自分」を自覚させることにもなる。子どもは困っている大人を助けようとしてよろこんで運営を手伝ってくれる。つまり、「子どもが大人になる」のである。そして、この役割分担が避難所生活における「こころのケア」にも影響してくることになる。

「ウェブ」の意味は、「蜘蛛の巣」である。「ウェビング」とは、ワールド・ワイド・ウェブ（略してWWW）のことで、二〇〇〇年頃に学校で「総合的な学習の時間」が流行《はや》ったときには、集団の中でアイデアを出し合う手法としてよく用いられた。変化の激しい情報化社会を生き抜く子どもたちにとって必要な「生きる力」だと考えられたからである。

日本の社会構造や生活意識を理解したり、地球温暖化の時代を生き抜く生活力を育成する上でも重要な発想であると、私は考えている。「絆」という文字は、「ヨコ」につながる「ウェビング」の人間関係をイメージさせる。震災後に「絆」を口にする人たちがたくさんいたのもうなずける。

そう言えば、石巻西高の生徒たちも「絆」と「つなぐ」という言葉を口にしていた。

一方、「経験知」の豊かな大人の発想はどうなのだろうか。この日は、実際の避難所生活を想定したワークショップを通して、大人の班と子どもの班に分けて考え方の違いを確認したかった。参加者の中心は高校生だったが、教員や地域の防災コーディネーターも参加していたので、大人の班もつくることができた。大学生は大人の班に入れるべきだったが、数名の参加だったので子どもの班に入れた。

進め方としては、私が実際に体験した避難所運営体験をもとにいろいろな質問事項を投げかけ、それに対して班員が回答し班内で共有してから発表するという流れである。そして、最終的には各班ごとに大きな模造紙に避難所運営図を描いて発表することにより、災害時の避難所運営の実践力を身につけるようにした。

トーナメント表のような運営図は、防災コーディネーターや教員でつくった班が作成した避難所運営図である。これは避難所運営で想定される役割を考え出してまとめたものであり、避難所運営本部を上に配置した「タテ」型の組織図である。しかしながら、この運営方法では大きな問題が生じる。

まず、問題を解決するまでに時間がかかりすぎることだ。予測できないさまざまな問題が発生する避難所では、即断即決せざるをえない場面が多くなる。発生した問題を各班の責任者に報告し、さらに運営本部長の判断を仰ぐやりかたをしていると、その間に大きな混乱が発生してしまう。追いつめられて避難してきた人たちの多くは、「公助」頼みによる避難所生活を思い描いているので、どうしても他人任せの意識が強くなってしまい、対応の遅れに不満をぶつけることが

避難所運営組織図

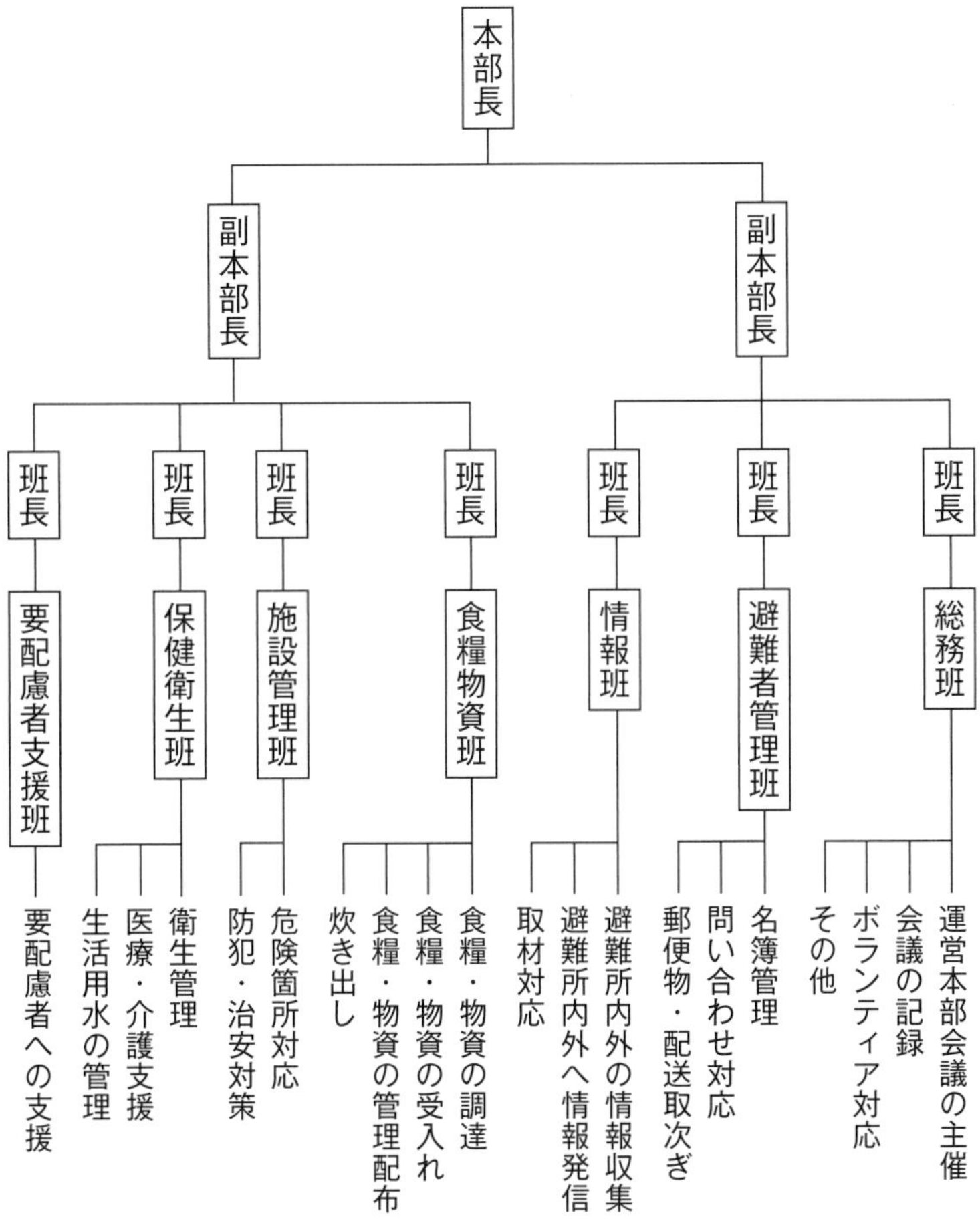
本部長
副本部長
副本部長
班長
班長
班長
班長
班長
班長
班長
要配慮者支援班
保健衛生班
施設管理班
食糧物資班
情報班
避難者管理班
総務班
要配慮者への支援
衛生管理
医療・介護支援
生活用水の管理
危険箇所対応
防犯・治安対策
食糧・物資の調達
食糧・物資の受入れ
食糧・物資の管理配布
炊き出し
避難所内外の情報収集
避難所内外へ情報発信
取材対応
名簿管理
問い合わせ対応
郵便物・配送取次ぎ
運営本部会議の主催
会議の記録
ボランティア対応
その他

大人たちが考える避難所運営

多くなる。だからこそ、「公助」にあたる自衛隊、消防、警察、行政による救助活動や支援に携わる人たちにも「ウェビング」の発想を理解しながら、避難所運営の実際を把握しておいてもらいたい。

まして、子どもたちのいのちをあずかる学校においては、「ウェビング」による避難所運営マニュアルをいつも目の届くところに置いて即時対応できるようにしてもらいたい。これが東日本大震災の避難所運営を通して学んだ教訓であり、全国に伝えたい私の「経験知」である。

震災以降、全国的に防災マニュアルが見直されているが、避難所運営マニュアルを作成している自治体は少ない。たとえ作成していたとしても、そこには、「大人の経験知」に頼りすぎる盲点があると、私は考えている。それは、「公助」頼みの日本人の意識構造であり、「タテ」社会の弱点でもある。

今後、地球温暖化の影響を考えると、特に海面温度の上昇や偏西風の蛇行による風水害を考えた場合には、実践的な避難所運営マニュアルを作成しておかないと二次被害がまちがいなく拡大するだろう。私が勤務していた石巻西高は、正式な避難所として指定されておらず、当然のことながら避難所運営マニュアルも存在していなかった。

例えば、全国からの支援物資が宮城県に届けられているにもかかわらず、被災地まで支給されずに何日も食糧難の状況が続いた。あまりにも広範囲に及ぶ災害だったために、災害対策本部が組織として充分に機能しなかったのである。実際に災害が発生すると、あらかじめ作成していたマニュアルを超えた判断をしながら、直面する課題に対して臨機応変に対応することが不可欠になる。人命救助の生存率を左右する「72時間」の初動対応は、避難所運営にもあてはまる。混乱期の避難所運営においては、「共助」の視点で「顔の見える関係」をどれだけ早く築けるかが重要な課題になる。

平成以降の震度5弱以上の地震が発生した時間帯は、平日の九時~十七時までが二〇%で、平日の十七時~九時までが八〇%の発生率になっている。これを学校で考えた場合、管理職不在の日と時間帯に起きる可能性が圧倒的に高いことがわかる。

つまり、災害が発生したときには、その時点で学校に残っている教職員や生徒、そして地域の避難者で避難所運営をせざるを得ない状況になることを想定しなければならない。東日本大震災は平日の午後に発生したが、阪神淡路大震災は平日の早朝、新潟県中越沖地震は海の日、熊本地震は平日の夜間に発生したという過去のデータを踏まえて避難所運営マニュアルを作成し、来たるべき災害に備えておかなければならない。

ここからは、二〇一一年三月十一日に時間を戻し、「ウェビング」と「共助」の視点で避難所運営の実際を振り返ってみたい。

第二章　避難所運営の四十四日

「のりしろ」の力を知る

四十四日間の避難所運営で気づいたのは、石巻西高の教職員の使命感の強さと迅速《じんそく》な行動力だった。後に三重県四日市市での防災研修に参加して防災士の資格を取得した教員は、当時を振り返りながら語ってくれた。

「あのときの西高にはすごい団結力があった」

自分に課せられた業務をこなすだけでなく、お互いができないところを助け合う姿勢が、次々と直面する苦難を乗り越える原動力となったのである。

私は、これを教育現場の「のりしろ」の力だと思っている。「のりしろ」とは、目に見えないところで、お互いをしっかり支え合う力である。石巻西高の教職員は、この「のりしろ」の力を充分に発揮した。その当時の私は、いつか避難所運営マニュアルを作成する日がくるだろうと考えながら記録を取り続けていたが、次々に飛び込んでくる難題に追いつめられてマニュアルとしてまとめるまでにはいたらなかった。

そして、すべてに余裕がなくなったとき、自分を見失うことがないようにと考えながら、込み上げる思いを手紙に残した。その後、外部との音信も可能になり、自分を振り返る余裕が生まれたときに、中学校時代の恩師やかつての同僚や親友に宛てて「避難所からの手紙」を送った。

避難所からの手紙

三月十一日午後二時四十六分、高校入試業務に追われていました。生徒たちは部活動や自習のために登校している者を除くとほとんどが帰宅している状況でした。今にして思えば、授業日にしておけば良かったと悔やんでいます。突然の地震と大きな揺れが学校を襲いました。職員は机の下に身を隠し、グラウンドの生徒たちはその場に座り込みました。これまで経験したことのない大きな揺れと長い長い時間でした。揺れがおさまった後に職員をグラウンドに避難させたり、生徒たちの安否確認のために校舎内を確認させたりしながら、職員玄関の隣の事務室を対策本部にしました。東松島市役所から津波警報は聞こえてきたのですが、津波の大きさと到達時刻については、私の想像をはるかに越えていました。学校周辺の道路の交通量はどんどん増えていき、それを追いかけるように黒い水がひたひたと押し寄せて来て、周辺の田んぼや道路が沼地のように変貌《へんぼう》していきました。交通渋滞のため逃げまどう車と浸水してきた車の中から助けを求める人もいました。幸いにも黒い水は、校門のところで止まりましたが、学校が安全だとわかるやいなや、悪臭のきつい水をかきわけながら多くの人たちが駆け込んで来ました。ライフラインが途絶えた状況下においては、すべてが想像を絶するものでした。

石巻西高は、その日の夜から発電機を使っての避難所運営が始まりました。幸運にも学校の食堂のプロパンガスが使えたので、女子職員が懸命に炊き出しを行いながら避難者の飢えをしのぎ、学校の貯水槽に残っていた飲料水で急場をしのぎ、プールの水を発電機で汲んでトイレに利用し、どうにか日常の生活に近い状態を保とうと必死でした。すべての人が家族との連絡も途絶えたまま、不安と焦りの中で数日を過ごしました。後でわかったことですが、京都で暮らす娘は、私が津波に呑み込まれて死んだとばかり思っていたそうです。周囲の人たちから見ると、気丈に振る舞っていても内心は不安でたまらなかったようです。

道路が少し復旧してから家族の安否確認のために一度は帰宅しましたが、家族の無事を確認するやいなや学校にとんぼ返りして、再び避難所運営の日々が始まりました。長男が仙台新港の近くで車に乗ったまま津波に流されかけ、車を乗り捨ててようやく難を逃れて自衛隊のゴムボートで塩釜まで送ってもらったことを知ったのは、その後のことでした。長男が津波から懸命に逃げようとするときに、親の助けを求めながら流されていく子どもの姿を見たと聞いたときは、胸が塞《ふさ》がる思いでした。

避難所運営の最初の一週間は、救援物資のあてがなかったので、食堂内の倉庫に蓄えてあった物資でまかないました。

次の週からは、避難者同士で食事班、清掃班、給水班、ゴミ処理班、トイレ班などの役割分担を決め、お互いに助け合いながら効率的に運営しました。避難者の数は、多いときで三九〇人もいました。しかし、何よりもつらかったのは、生徒の安否確認中に入ってくる訃報でした。西高では九名の尊い命が奪われました。また、三十三年前の初任校である飯野川高校の教え子の訃報や被災情報を耳にすることにもなりました。とりわけ、被害が大きかった大川小学校で殉職したひとりの教師は、私の大切な教え子でした。彼女は、部活動の厳しい指導に最後までついてきて地区のチャンピオンにまでなった努力家であり、昨年の四月にその長女が西高に入学したことで、しばらくぶりの再会を喜んでいたところでした。教え子の死が、こんなにも受けとめがたく苦しいものだということを実感しました。やがて、本校の体育館が遺体の安置所・検視所になるということで、言いようのない重苦しい気持ちに追い込まれていきました。そして、在校生のひとりが遺体になって体育館に帰ってきたときには、言葉を失い体が震えました。最大で七〇〇人近くの遺体が安置されたことにより、報道以上の悲惨さを実感しました。また、食堂に向かう通路の右手が安置所で左手が食堂でしたので、避難者がうつむきながら無言で歩く姿を見るたびに、生きるとは何かと自問自答せずにはいられませんでした。

地震発生当初は、ラジオからの情報が一番の頼りでしたが、日々伝えられる情報の酷《むご》さのために眠れない日々が続きました。ある日、校舎の一階にある庁務員室でフトンに入るとき、こころの置き場所が見つかりませんでした。そんなときに、野蒜海岸近くの東名《とうな》という所にある施設に入院していた叔父の訃報が妻から届きました。運命のいたずらなのでしょうか、叔父は私が勤務する西高の体育館に安置されていました。安置番号は二〇五番でした。小さい頃から心配をかけた私に会いにきてくれたのだと思います。避難所運営の覚悟が定まったのは、そのときからでした。避難者に対して、「お互いさま」という感情が自然とあふれてきました。教師としての使命感を忘れまいとする自分と人道支援者として偽善的であってはならないという自分と人間としてただひたすら真っ直ぐな道を歩もうとする自分の心の底力だけを信じようとしました。

学校は三月十一日から四月十一日まで臨時休校となり、四月十一日を在校生の出校日とし、追悼式と修了式と離任式をまとめて行いました。そして、十四日に合格者予備登校日、二十一日に入学式を行うことになりましたが、新入生のうちの二名が津波の犠牲となり、入学式の中で悲しみの呼名となりました。次第に避難所の宿泊運営を当番制にしたので、時機を見て二日に一度の宿泊から三日に一度の宿泊業務へと編成替えしながら四月二十三日まで続きましたが、マスコミで報道されるような人間関係のトラブルもなく、学校と避難者との信頼関係が保たれたまま終了しました。五月十六日からは、震災で校舎が使えなくなった石巻市立女子商業高校の一学年八十七名を受け入れての学校運営が始まっています。その後、自宅からの通勤が可能になってから、叔父が津波で流された旧鳴瀬町の東名運河を通ってみました。今ではこの地域が私の主たる通勤経路になっています。また、東名運河沿いにある野蒜海岸駅周辺の亀岡地区は、私が小学校六年生の時に他界した父の郷里でもあります。幼少の頃に数回訪れたきりで、長い間私の記憶の中から消えていましたが、今回の津波ですべての光景が一変したことにより、五十年以上も前の風景に戻りました。時の流れと自然の驚異がもたらした人生の皮肉とでも言うべきなのでしょうか。私の生まれ故郷は松島湾内の離島の寒風沢というところで、父の郷里の鳴瀬町東名からもよく見えます。

考えてみれば、こうして自分のこころが折れずに生きていられるのは、大自然の中で育まれた生きる力が身についているからだと思います。思い起こせば、五十年ほど前の一九六〇(昭和三十五)年五月二十四日のチリ地震津波を経験したときの私は、小学校一年生でした。私の家は浸水し、隣の家は大きく損壊しました。小高い山の上から津波を見下ろした光景は、今でも脳裏に焼きついています。その後、一九七八(昭和五十三)年六月十二日の宮城県沖地震を経験したときの私は、大学四年生でした。母校の浦戸小学校の後輩が、ブロック塀の下敷きになり亡くなりました。それでも、まさか自分の人生の中でチリ地震津波以上のものはないだろうと思い込んでいました。今回の震災で犠牲になった多くの方々も同じ思いだったのではないかと思います。一時間以内の津波の襲来に対して、こころの準備が不足していたのは事実だと思いますが、政治家が「想定外」とか「千年に一度」と口にするのを耳にするたびに、やり場のない苛立《いらだ》ちと言いようもない憤りを覚えます。今回の震災を通して、多くの被災者が、家屋だけではなく土地を奪われることの絶望感と心の原風景が無くなるという喪失感を体験することになりました。生き残った者たちは、このまま生きながらえていいのかどうか、座《ざ》して何もしないでいいのかという後ろめたさまで感じています。人間の傲《おご》りに対して与えた自然界の忠告は、

「すべてを問い直せ」

ということだったのかもしれません。それにしては、あまりにも大きな犠牲を払うことになってしまいました。ここ数カ月間の私は、このまま生きていくべきなのか、もっとがんばらなければならないのかと苦悶しています。もしも死という現実が、我が身を襲ったとしても甘んじて受け入れようと思う瞬間もありました。しかしながら、多くの子どもたちに「未来を生きるタスキ」を渡さなければならないという思いが、教師として生きる気力を取り戻させてくれました。今は、残された教職員と生徒たちを守るためにも、犠牲になった教え子たちの鎮魂のためにも、懸命に生きていこうと思っています。人間の運命と教育者の使命をあらためて実感しているこの頃です。

追伸

今回の東日本大震災の体験に基づいた防災計画を送りますので、お役に立てていただければと思います。十一名の生徒の尊い命と被災した多くの犠牲者の御魂《みたま》に少しでも応えたいという思いから作成しました。今になって思いますと、私は多くの生徒たちのいのちと向き合う運命にあったようです。飯野川高校でも多賀城高校でも仙台一高でもそうでした。教え子の死ほどつらいものはありません。

最近は、被災者の「こころのケア」が話題にされますが、今回の震災で受けたこころの傷の反動のひとつに、誰かに自分のことを語らずにはいられない感情もあるそうです。恥ずかしながら、この手紙もそのなせるわざだとご理解いただき、ご一読いただければ幸いです。

ここからは、実際に体験した避難所運営の四十四日間を振り返ってみたい。

●3月11日(金)

学校から石巻港まで約4キロ。国道四十五号線に沿って仙石線が走り、近くに定川《じょうがわ》が流れている。当日は、入試業務で二十五名の教職員が出勤。生徒は自宅学習日。部活動等で約百五十名の生徒が登校。十四時四十六分に突然の激しい横揺れで事務室の防災盤の電源が落ちる。物につかまらないと立っていられない。揺れが収まるのを待ってから生徒たちをグラウンドに待避させ、無事を確認する。校舎内に生徒がいないかどうか、教室の被害状況を確認するため再び校舎に入る。その後、片付けを始める。生徒の不安と恐怖をしずめるためにひとつの部屋に集めて励まし合う。

学校前のケアハウス「花いちもんめ」から入居者を避難させてほしいと要請があり、職員及び野球部員二十数名で駆けつけ階上の入居者を一階に降ろす。雪が降り寒さが厳しくなったが、校

上空から見た石巻西高校（丸印）

舎の安全確認が済んでいないため職員の車やテントで雪と寒さをしのぐ。何名かの保護者が迎えにきたので、確認してから生徒を引き渡すことにした。突然、防災無線から大津波警報が発令。安全確保のため校舎二階に近隣の住民が避難してくる。今度は、ケアハウスから入居者を二階に避難させる要請があり、職員が再度手伝いに向かう。次第に暗くなり避難者が増えてきたので、体育館の被害状況を確認する。天井パネルが落下し危険な状態なので、西翔会館

（食堂兼宿泊研修施設）に誘導する。定川が決壊してヒタヒタと押し寄せる黒い水により仙石線を越えた学校周辺の田畑や道路まで冠水。本校の敷地は、道路より高いので校地内までの浸水は免れる。学校の被害としては、受水槽給水バルブ破損、地下埋設水道管破損、校舎棟及び部室棟窓ガラス破損、武道館照明器具破損、体育館の天井パネル破損落下、トイレタイル壁破損、エレベータ操作盤破損、コンクリート手すり壁崩壊、通路地盤沈下という状況だった。

避難者を受け入れる

石巻西高は指定避難所ではなかったが、人道的立場からすべてを受け入れた。駆け込んできた人たちを西翔会館、武道館、会議室、作法室、普通教室などに順次案内する。夜になってから避難者が急増したため、職員玄関と西翔会館に受け付けを設置する。電気、水道、ガスなどのライフラインが止まり、野球部とソフトボール部が使用していた発電機二台をそれぞれに配置する。ドラムコードを利用して四、五カ所に照明を設置したが、燃料は二〇《リットル》しかなく、翌日以降の夜間受け付けが危ぶまれる状況に陥る。

水道は高架水槽が漏水《ろうすい》して空になったが、受水槽にかなり残っていたので飲料水として使用する。ホースを利用して桶に直接取水する方法で対応した。ガスは校舎内の配管が破損している恐れがあるので使用しなかったが、食堂のプロパンガスが使用可能と判明したので、炊き出しや調

避難者を支援する教員

避難所の受け付けになった職員玄関

理などに利用した。暖房は校内にある石油ストーブを集め各部屋に配置した。食糧は、災害用として備蓄してはいなかったが、食堂の委託業者の在庫を確認したところ、米などの物資があったので、女子職員が中心となり薄暗い照明の中で夕食の準備に当たる。当日の夕食は、湯飲み茶碗にご飯と汁物が少々だが避難者に配給できた。帰宅できなかった三十名近い生徒たちは、水くみや食器洗いなどの作業を手伝ってくれた。夜遅くに職員打合せを持ち今後の対策を話し合った。校舎の外に出て見ると、周辺は人間の生活を感じさせる明かりが一切なく、はるか遠くに仙台港の火災が見えた。満天の星空だけが異様に美しく輝くなかで孤立感だけが増していった。

【教職員三一名、避難者一〇〇名超】

●3月12日(土)

帰宅可能な職員に家族の安否確認を行うよう指示。避難所運営当番の日程表を作成。その後、手分けしてトイレ用の水の準備をしてから校舎内のトイレを清掃、受水槽からの水くみ、カーナビや携帯ラジオで情報収集など、対応できる職員で役割分担を決めて各自が作業に入る。担当になった職員は、自分の判断で、学校に残っている生徒たちの力を借りて活動した。事前の相談はしなくてもいいから報告だけするように指示した。それから、即断即決しながら必要な役割を追加していった。

トイレ用に使用したプールの水

例えば、避難者名簿を作成するため各部屋を回り協力をお願いした。食糧確保のため職員と生徒が大型スーパー店を巡りカップ麺を少しだけ手に入れてきた。トイレの使用について、小便は指定された一階トイレを使用して水は流さない、大便は更に指定されたトイレのみを使用し、用意されたポリ容器からバケツで一杯くんで流すように張り紙で周知するなど、予想される混乱を未然に防ぐ手立てを講じた。

一夜明けて、近隣の開業医、介護施設などの患者が避難してきたので、会議室、作法室、保健室、一階の普通教室を開放。次第に車での避難者も多くなり、車中で夜を明かす人が多数出てきた。警察官が三名来校したので本校の現状を報告する。東松島市から飲料水が補給され、トイレ用にプールの水を使うことにしたが、その大きな働き手は生徒たちだった。職員で校舎中のトイレを清掃し、衛生環境を保つようにつとめた。受水槽に約二十五トンの飲料水があったので、生徒たちと水くみを開始。避難してきた整形外科の医師や看護師の存在が、避難所全体に安心感を与えた。【教職員宿泊二五名】

●3月13日(日)

宮城県内で孤立状態になっている要救助者が十三市町村で二万人を超える可能性との情報が入ったが、被害の甚大さを現実のことと受け止めきれなかった。震災直後は土足解禁にしていたが、衛生上の問題から土足厳禁にした。清掃を行うとともにマスク着用を呼びかけ、さらにトイレ掃除の徹底を図り、避難所運営の見直しと現況に合わせたマニュアルを作成していった。午後になりカップラーメンなどの支援物資が少しずつ届き始めた。飲料水と石油ストーブが足りていたので、温めて配給することができた。さらに、その後の運営を考えて調理室を食糧の保管場所とし、食堂にある食材や売店の清涼飲料水の在庫確認を行い一覧表を作成した。飲まず食わずで一週間近くも支援物資が届かなかった他の避難所の話を聞くと、学校の施設・設備に救われる思いがした。

この日、東松島市災害対策本部から正式な避難所として認められる。午後になり電力供給のため電気保安協会と東北電力が設備点検のため来校。異状がなければ、十四日には電気を供給できるだろうとのうれしい情報。一方、受け付け用として使っていた発電機の燃料が手に入らず、職員の車の後部座席を外して、燃料タンクから直接ガソリンを譲り受ける。また、深刻なガソリン不足のため通勤にも支障をきたし、便乗して通勤するなどの工夫をした。夕方、石巻地域の各避難所の状況が情報として入るようになり、災害規模の大きさと深刻な状況を確認できた。

西翔会館２階の避難所

【教職員宿泊二〇名】

3月14日(月)

午前十時過ぎに電気が点《つ》く。インターネットや事務室のパソコンも使用でき、外からの情報収集と内からの情報発信が可能になる。県より配信されている通行可能な道路や入浴施設などの生活情報を印刷して本部前に掲示し、避難者への周知を図る。衛星電話三台が職員玄関に設置され、外部との連絡に利用。安心したのは、避難している医師による健康相談が始まったこと。自分の使命と役割を自覚し、苦難の状況下で人を救おうとする姿に心打たれた。

教職員の役割分担をさらに見直し、この日から正式な避難所として運営を開始すると避難者に周知した。

生徒の安否確認中に千葉真稔教諭は、クラス担任としても部活動の顧問としても大切な生徒を失った。生徒の確認のために遺体安置所に出向く姿を見守るたびに心が痛んだ。この日、彼は大至急事務室に来るように連絡を受けた。クラスの生徒が亡くなったことを両親から聞いて涙を流した。学校では引き続き生徒の安否確認を行っていたが、続けて生徒の訃報が届いた。新聞の犠牲者一覧を見ると名前が載っていた。再び彼は、学年主任、副担任と一緒に遺体安置所まで確認に向かった。やはり、本人だった。後日、家庭訪問をして当時の生徒の状況をうかがったときに無力さから自分を責めたという。

●3月15日(火)

体育館を遺体安置所にするために宮城県警が来校。県教委には了承を得ているとのこと。そして、遺体安置所の会場設営のため東松島市と県警から職員が来校し、その作業が始まるなか遺体が運ばれてきた。収容遺体の搬送が本格的に始まり、次々と運ばれた遺体は、検視終了後に身元確認のため遺体袋に納められ、別のアリーナに安置されるという。自衛隊、消防、警察の車両に加えて、家族の安否確認のために来校する人々の車両で混雑してきたので、教職員で交通整理を始めた。検視官の休憩場所として三階の普通教室を開放して使用してもらった。県より災害派遣等従事車両証明書及び災害復旧緊急車両の証明書が発行されたが、ガソリン不足のため十分に活用できなかった。

最大で約七百名もの遺体仮安置所・検視所となった。学校全体が、精神的に追い詰められ重く沈むような感情にさいなまれていった。

さらに、食堂業者が備蓄していた食材を使った炊き出しも一日に三食分をまかなえなくなり、避難者で食事担当の班を編成してほしいと職員から申し出があったので、すぐに原案を作成して各部屋の代表者に説明した。ライフラインが途絶えてプロパンガスと貯水槽の水を使った一日に三回の食事は、準備と片付けのことを考えても無理があり、一日に二回の食事に変更した。

【教職員宿泊一四名、避難者数三〇〇余名】

遺体を搬入する自衛隊員

遺体の安置所になった体育館

運転免許センターでボランティア活動をする野球部

生徒の力がなければ避難所運営を乗り切ることはできなかった。その中でも野球部の存在は大きかった。野球部としての活動だけでなく、学校行事でもリーダーシップを発揮してくれた。学校行事がある日は駐車場係を引き受けてくれ、その経験は避難所運営でも大きな力になった。

例えば、地震が起きた翌日の朝七時頃、帰宅できずに学校に泊っていた部員は、校門前の泥かきを行ってくれた。ライフラインも復旧し登校できるようになった部員たちには、学校の清掃や物の搬送を手伝ってもらった。野球部顧問の石垣賀津雄教諭は、せっかく学校に来て仲間と再会したのだから、野球を少しでもやらせてやりたかったが、数百人の避難者がいることに配慮して練習を控えてくれた。

数日後、久しぶりに学校に顔を出した部員たちの顔を見た彼は、彼らに野球をやらせたいと相談してきた。私は、避難者のことを考えて躊躇《ちゅうちょ》したが、選手たちと監督の気持ちを察して、あまり目立たないように練習してくれと伝えた。

そして、広いグラウンドの片隅で軽くノックが始まった。そのうち部員たちは、声を出したり大きな笑い声をあげながらプレーを始めた。その声を聞きつけて避難していた人たちがグラウンドに集まってきた。そして笑顔で部員たちの練習を見ていた避難者の一人が声をかけてくれた。

「もっとやってくれ」

たかだかノックだけでも高校野球が見られるのは非常にうれしいのだ。私は、子どもたちの笑顔と声の力の大きさを実感した。

その後、ある程度人数が揃《そろ》うようになった野球部は、ボランティア活動の範囲を広げていった。地域の人たちに自分の名刺を配り、何か手伝えることがないかと探し回った。まず最初に行ったのは道路の復旧作業だ。海から流れてきた丸太やゴミなどを取り除いた。次は泥水につかった公民館をきれいにし、そこは後に東松島市の二次避難所となった。さらに、農家や自動車学校などの復旧作業を行いながら、地域とのつながりを築いていった。

スペインのバルセロナから取材に訪れた記者

3月16日(水)

混線はするが、携帯電話がつながる状態になり、充電のために多くの避難者が殺到した。避難所運営も少しずつ落ち着いてきたので、西翔会館に設置した受付を閉鎖し、運営本部を職員玄関に一本化した。東松島市から仮設トイレが四基配置されたので、部室棟前に設置し大便専用として使用した。さらに、東松島市災害対策本部との業務連絡が一日一回は行われるようになった。食糧、生活用品、医薬品、ガソリンなど、少ないながらも配給され始めた。写真はスペインのバルセロナから来た報道記者が、避難所の様子をヨーロッパ各地に伝える取材をしている場面である。いくら情報化社会とはいえ、震災後、一週間も経たないうちのメディア対応には当惑した。避難者の精神状態も落ち着いていない状況で判断に迷ったが、了解してくれる人だけを対象に取材を許可した。

【教職員宿泊一八名】

●3月17日（木）

避難者の中には、三名の妊婦もいた。避難所の状況から考えてみても、一日でも早く医療設備のあるところへの移動を願った。この時期になると、震災当初から教職員だけで行っていた炊事体制を見直し、避難者の中から食事班を編成できるようになったことで、食事に関する運営体制が確立した。

そして、一泊二日で県立船岡支援学校からボランティアとして第一陣のバスが到着し、ようやく一息つける時間ができた。支援チームには、トイレ用水くみ、トイレ掃除、受け付け、駐車場整理などを依頼した。宿泊兼控室は応接室に雑魚寝《ざこね》及び風呂なしでお願いした。この日、震災前に確保していた暖房用の灯油が底をつき、確保が困難な事態に陥った。また、本管から受水槽にようやく給水できる状態になったが、地震により給水調整弁が破損し止水できなくなった。深夜、受水槽の満水警報が鳴りだし、警報停止のために事務長と事務次長が部屋から駆けだして機械室に向かうことが度々《たびたび》あった。

【教職員宿泊一五名、避難者数二七三名】

震災発生後の一週間は、学校再開の見通しも立たないまま時間だけが慌ただしく過ぎていった。

三月十八日～十九日、全国で死者が六九一一名になり、戦後最大の災害になるとの情報が入った。避難者の部屋ごとにチーフを出してもらって今後の避難所運営について確認し、水くみのルールの徹底とトイレ当番の協力を依頼した。避難していた近隣の整形外科が退所することになったが、一部の看護師がそのまま残ってくれた。この頃から自宅の片付けや仕事に復帰する人が多くなり、外出名簿を作成して記録をとるようにした。三月十九日、水道が再び断水したので水くみ作業を再開した。船岡支援学校、名取支援学校からボランティアの第二陣が到着し、業務一覧表とマニュアルを渡した。

生徒の安否情報、在校生五八五名中三九一名の無事を確認。

【教職員宿泊一〇名、避難者数三九〇名超】

◆三月十九日現在の食糧備蓄状況

米２８０キログラム、カップ麺類３８９食、野菜（ネギ約２００本・サツマイモ17本・葉物類10袋・ナス18本・オクラ８パック・胡瓜１５０本・人参32本・落花生３袋・生姜５パック）、鶏肉１キログラム、豚肉８キログラム、牛乳10リットル、レトルトカレー27個、スパゲッティソース９個、納豆２パック、サラミソーセージ60本、缶詰３３６缶、ドリンク類９９１本、菓子類５１１袋、その他７０２個

石巻赤十字病院の巡回診療

避難者の中には調理師の資格を持った主婦もいたが、たくさんの人たちの食事をつくった経験がなかった。そこにプロの調理師が一週間ほど手伝いに来てくれたことで食事の改善が図られた。ある日、数少ないカップ麺をこなごなにしてスープ麺をつくってくれたが、野球部の監督はその美味しさに感激していた。

三月二十日〜二十二日、午後に水道が復旧し避難所全体に安堵感が漂った。遺体安置所は、身元判明者が六一九名になった。県から避難所運営、生徒の安否確認のために借り上げタクシーが配置された。三月二十一日、日赤医療チームによる巡回診療が開始され、救護担当の職員の負担が軽減された。この日から、津波で施設が使えなくなった東部保健福祉事務所に三階の合同講義室、多目的室、生徒会室の使用を認めて「お互いさま」の共同生活が始まった。また、近隣のカレー専門店が、三日間にわたり夕食にカレーを提供してくれた。それでも、食糧などの救援物資が不足していたので、職員の知人を通してインターネットで支援要請を行った。三月二十二日、この日から西翔会館の温水シャワーが使用できるようになり、使用時間と割り当てを決めて避難者が利用できるようにした。こうして少しずつ衛生面での環境改善が図られていった。

生徒の安否情報は、五八五名中五〇〇名の無事を確認。残り八五名。

【教職員宿泊一二名、避難者二三二名】

よろこびと悲しみが交錯する

三月二十三日、高校入試の合格発表。従来の掲示場所が遺体搬入車両の通路になるので発表場所を変更した。後日、駐車場係の職員がつらそうに話してくれた。

「遺体の安置番号を確認しに来たのか、合格番号を確認しにきたのかが分からなくて困った」

本当に何が起きるのか予測不能な状況がまだまだ続いた。学校の役割とは何かと考えながら、学校再開の業務に専念した。この頃の業務の中心は、高校入試の発表とその後の対応だった。お互いの役割分担を確認し、健康管理と精神状態に配慮しつつも、受験生を早く安心させようと考えた。震災の苦難を乗り越えて高校生活をスタートする新入生を温かく迎える準備に追われる日

高校入試の合格発表に集まった受験生

が続いた。しかし、在校生や卒業生の訃報が届く中での校務は、職員にとって過酷な試練でもあった。

三月九日は県立高校の一般入試の日だったが、受験した高校に行って合否を確認できない生徒がたくさんいた。そこで、石巻地域の各高校で連絡を取り合い、最寄りの高校で合否がわかるように掲示した。合格番号を確かめる受験生のよろこびと笑顔を見るにつけ、胸が熱くなった。その後、学校が再開して新学期が始まったころ、新入生の指導要録の写しや必要書類が各中学校から届いた。「津波により紛失」とあるもの、泥をぬぐった痕跡のある書類も交じっていて心が痛んだと、入試担当の教員が話してくれた。この日、二年生の保護者が息子の訃報を知らせるために来校した。

「息子が西高に帰ってきました。体育館にいます」

生徒が自分の学校の体育館に安置される現実に言葉を失った。**【教職員宿泊一一名、避難者数二一五名】**

食堂として利用した西翔会館

　三月二十四日、東松島市災害対策本部から夕食用の弁当が支給されるようになり、食堂での調理業務が終了した。また、日赤医療チームの巡回診療があった。この日から当直職員十人体制が始まる。

　三月二十五日、食堂契約業者に食堂運営を要請した。ガソリン不足のため業者が学校まで来れないので佐藤和文教諭が送迎を担当した。彼は一日平均六十キロも運転しながら、交通手段のない調理師三人の送迎、市役所からガソリン、トイレットペーパー、マスク、ティッシュペーパー、衛生用品などの日用品の運送を行ってくれた。それは莫大な量だった。延べ二週間近く学校に泊り込みながら、まるでタクシーや宅配便の運転手のような業務をしていたが、避難者を救いたい思いから、やり甲斐はあったと語ってくれた。

【教職員宿泊一一名、避難者一九〇名】

三月二十六日～三十一日、弁当は避難者だけでなく外部から来た人にも提供したので、弁当が不足する事態が生じた。避難者の中から、見ず知らずの人にまで弁当をあげるべきではないと反対意見が出た。そこで、避難者全員分の整理券を発行して配給に重複が出ないように工夫し、残った弁当を外部から来た人に支給した。その頃、東松島市役所に支援物資を取りに行くときに、翌日の弁当の概数を報告する流れが確立した。またこの時期は、学校再開と避難所運営を兼務しながら、生徒指導や亡くなった生徒の家庭を弔問したり、県の教育委員会に報告をする業務に忙殺される。

三月二十七日、避難者が自宅の片付けや仕事のため早朝に出かけて夜に帰ってくるようになり、食事班の運営に支障が出てきたので、三十一日までの食事班マニュアルを急きょ作成し直した。

三月三十日、東松島市より緊急災害対策従事車両証明書一台分が交付され、避難所としてガソリン一〇リットル、灯油八〇リットルが配給された。また、仙台の業者より女性用の下着を二〇〇着支援され配付した。このとき避難所のプライバシーについて考えるゆとりもなかったことを反省した。

三月三十一日、九時半から十一時半まで自衛隊医療チームによる健康相談が行われ、体育館の遺体安置所としての業務が、この日をもって東松島市の小野体育館に全て移ることになった。

【教職員宿泊一二名、避難者数二〇四名】

「兼務発令」に驚く

四月一日、新任職員の赴任と転出職員に兼務発令が出た。兼務発令とは、人事異動を発令された職員が、各学校の被災状況により所属校にそのまま留まるものだが、聞き慣れない言葉と意味が正確に伝わらなかったこともあり、職員は戸惑いと不安に駆られた。生徒や保護者の中には、教員に見捨てられた感を抱く者もいて説明に窮した。

この日から、教職員四人の当直体制を開始した。うち事務職員一名が施設管理のため必ず当直することにした。しかし、自宅が被災した職員は、そのまま避難生活を余儀なくされた。そして、状況に合わせて避難所運営業務を変更した。受付業務は九時～十三時まで二名、十三時～十七時まで二名配置とし、四月十五日まで実施することにした。避難所全体の業務は八時三十分～十七時(土日を除く)まで一名配置、宿泊業務は十七時～翌日の九時まで四名配置とし、朝食、夕食の食堂当番、掃除、急病人の対応にあたることにした。**【教職員宿泊八名、避難者二三二名】**

四月四日、年度が替わったので学校再開の見通しを知りたい声が職員から出てきた。正確な情報収集の必要性に迫られると同時に、先の見通しの立たない不安が、職員の精神状態をかなり追いつめていることを痛感した。

二次避難のための説明会

四月五日、ホームページ、緊急時一斉メール配信、テレビなどを活用し、四月十一日を出校日にすると各家庭に連絡した。三月十一日に震災が発生してから、ちょうど一カ月が経過していたので、生徒たちと会えるよろこびが教職員を勇気づけた。

「二次避難」を伝える

またこの日は、東松島市役所から二次避難の説明会が行われた。行方不明者の捜索が続く状況での避難所の閉鎖だったので、激しく問い詰められた。

「俺たちは邪魔なのか」

避難所運営では、考えられないような問題が次々に発生したが、私にとってつらかったのは、生徒の訃報を耳にしたときと二次避難をお願いするときだった。顔も名前も知らない者同士とはいえ、学校を頼ってきた人たちに退所をお願いするのは、弱者を追いつめる感情にさいなまれて避難者の顔を直視できなかった。この時点では、石巻市からの二次避難に関する説明会はまだ行われなかった。

四月六日、東松島市から再び二次避難場所の説明会が開かれ、具体的な場所が提示されたことにより、避難所運営の見通しが立ち、新年度に向けての準備を始めることになった。

【教職員宿泊四名】

「二次避難」を見守る

カメラマンの鈴木貴之さんは、石巻西高の卒業生で家族三人で避難していた。そして、プロのカメラマンの眼でとらえた貴重な資料や近隣の情報を私たちに提供してくれた。鈴木さんから見た避難所運営の対応はどのように映っていたのだろうか。当時の状況を振り返って書いてもらった。

避難者にとって情報があるかないかで揉《も》めた最大のトラブルが、学校の再開に伴う二次避難の要請だった。四月の早い時期に学校を再開するため、避難所の規模を大幅に縮小すると市役所からの予告が入ったからだ。四月に入ってからだったと記憶している。つまり、ほんの数日後に出て行ってほしいという話が突然入ったわけである。混乱するのも無理はない。当時の状況ではどの避難者も生活の

見通しなど立つわけもなく、先生のいる事務室に行って情報を求める程度ではなく
「そのまま残れないのか」、

「他にどこに行けばいいんだ」

と、直談判《じかだんぱん》をする人も出始めた。中には、

「残せ」

と、最初から二次避難はおろか譲歩する気すらない避難者まで現れる始末。もはや事態の収拾どころではない。あまりに急な要請であっただけでなく、それまで三週間にもわたり平和に避難所をまとめていた先生たちにすら、近隣の二次避難場所の候補や各施設の収容余力など、避難者への説明に必要な情報がほとんど届いていなかった。幸いなことに私は、他の避難者よりも早く移動要請と二次避難所の候補について記載されたプリントを入手することができた。しかし、その内容があまりに現実離れしたものであることに驚かされた。近隣の市民センターに収容余力が数十人と記載されていたが、前日にもそこに行って中を見ているので、どう考えてもそんな人数は入らないことにすぐに気が付いた。これをそのまま西高で配られたら大変なことになると直感し、市民センターや地区体育館に走って、その日の時点での収容人数と余力について自力で調べた。そうすると、案内されている数字は全く現実とかけ離れたものであり、該当の市民センターの職員ですら、今から学校にいる避難者が数十人の単位でここへ移動して来るという話などまったく聞いたこともないという散々な状況だった。

この日すでに混乱は始まっていてさらなる混乱が予想されたので、西高に戻り齋藤教頭にそのプリントを見せながら、二次避難場所はこれを参考にしてはいけないと説明した。その時点では移動要請のプリントはまだ西高に出回る前であり、先生も初めて見るという状況だった。こんな状況であっても退所のデッドラインは数日後と決められていて、学校を出されてしまうという話はもうほぼ全員が知ってしまい、もはや考える猶予はなかった。そこで避難所運営の責任者だった齋藤教頭がどう対応するのかと心配したが、その判断は

「今夜、説明会を開く」

だった。これには驚いたし、この状況で何をどうやって説明するのだろうかと不安になったことを忘れることはできない。齋藤教頭は、東松島市と石巻市とでは二次避難に対する考え方と方針が異なっていることを知りつつも冷静な判断をしたのである。この判断は、情報の遮断《しゃだん》が続くとさらに混乱を招くというリスクを抑え込むためだったのだろうと、今ならば自分でも理解できるようになった。しかしながら、その説明会が始まった直後は、予想通りの混乱ぶりで声の大きな者の勝ちだと言わんばかりに声を張り上げて、自分の都合を主張する人が何人もいた。それが、数分も経《た》ち雰囲気が変わったのである。齋藤教頭から

「東松島市はこういう状況です。石巻市の対応策については、市役所の職員を連れてきます」

と、力強い言葉があり、有効な情報が十分ではなかったにもかかわらず、意外なほど短時間でほぼ

収まってしまった。これは発災直後から避難者との信頼関係ができあがっていたことや情報収集の体制づくりに早く取り組み、憶測や間違った情報で混乱させない配慮をしていたからである。

結果的には、この説明会が西高避難所の円満な解散に向けての分岐点になった。ある程度以上の避難者が、学校の再開に協力するためならばと、たとえ床上浸水した自宅の二階部分であっても戻ろうと判断し、困難さはあったものの自主的な帰宅を始めた。避難者の一部は、赤井地区に四月十日に開設した避難所や既存の避難所などへ移ったことで、石巻西高の避難者数は数日の間に激減した。

避難所運営を継続する

四月七日、職員会議で避難所運営継続を確認した。石巻市役所から二次避難の説明会がやっと開催されたが、二次避難に対する方針が東松島市と異なり、避難先も遠方であることから騒然となった。この頃、私の娘が高校時代にお世話になったソフトボール部のコーチの訃報が届いた。さすがに精神的にショックを受け、他の教員と一緒に庁務員室で寝ることにした。しかし、夜中に震度六弱の最大余震が発生し、自宅に帰った近隣住民が再び学校に避難してきた。物品が破損して断水になり、電気も不通になったことで再び混乱状態に陥った。

四月八日、電気が復旧した。職員三人の当直体制を開始して負担軽減を図った。また、東部保健福祉事務所が石巻専修大学に移ることになり、少しずつ学校再開の現実が見えてきた。

笑顔で二次避難者を見送る

四月九日、東松島市役所の二次避難説明会が開催された。前回の要望や希望調査の結果を受けての具体的な報告がなされた。高齢者や障がいのある方、生徒たちの通学を考えると心が痛んだ。日赤医療チームによる巡回診療が行われた。

【教職員宿泊三名、避難者一三三名】

四月十日、朝に水道が復旧した。二次避難先である大曲地区センター、赤井南区西地区センターに三十八名の避難者が退所していった。翌日が在校生の出校日なので、残った避難者には教室から武道館や西翔会館に移動してもらった。寝食を共にした人たちとの別れは、たとえ短い期間であってもつらかった。それでも、お互いの無事と健康を祈って固く握手を交わし笑顔で見送った。

【教職員宿泊三名、避難者数八六名】

四月十一日、在校生の出校日。この日は、追悼式・修了式・離任式および生活状況調査を実施した。十七時十五分頃に震度5弱の地震が発生し、津波警報が発令され住民が再び避難してきた。

【教職員宿泊三名、避難者数七八名】

四月十二日～十三日、生活状況調査を参考にしながら学校再開後の対応を検討する。友人や家族を亡くした生徒への「こころのケア」、家屋被害を受けた生徒への対応、家庭の経済状況の把握など、解決すべき課題はあまりにも多すぎた。

四月十四日、合格者予備登校日。遺体安置所になった体育館で新入生を迎える準備にあたる。犠牲になった教え子への悲しい思いを抱えたまま準備にあたった。

四月十五日～十七日、教職員は、心身の疲労回復のために少しずつ時間を割けるようになった。

四月十八日～十九日、生徒と一緒に避難所の掲示物撤去や毛布などの後片付けを行う。日赤医療チームの巡回診療があり、二次避難場所へ移動したり、自宅に戻る避難者の健康相談が行われた。

四月二十日、石巻市役所から二次避難の説明会が再び開かれる。避難者への説明の遅れから不満が続出した。

【避難者数一五名】

四月二十一日、始業式・新任式・入学式。学校が再開し東松島市からの避難者はすべて退所した。石巻市から避難所運営支援員二名が派遣された。この日をもって職員の当直体制が終了した。

四月二十二日、生徒の通学状況を把握しながら、通常の授業形態で教育活動をスタートした。

四月二十三日、避難者全員が次の避難所へ移動し、避難所運営業務のすべてが終了した。

生と死の境界を生きる

避難所運営をしているときに亡き父のことを思い出した。今も残っている父の記憶と言えば、いつも護岸工事をしていた姿だった。工事を始めた理由を父から聞くこともなく、後からついて行って働く姿を見ていた。工事は夜中までかかるときもあり、一人で家まで帰れと言われたときは、さすがに夜道が怖くて走って帰った。そのときの恐怖感だけは鮮明に覚えている。

護岸工事が、チリ地震津波で破壊された海岸線を修復するための労働だったと気づいたのはずっと後になってからである。その工事現場には鳴瀬町（現在の東松島市）東名の叔父もいた。叔父は私をいつも可愛がってくれた。避難所運営のときに体育館に搬入された二〇五番は、その叔父の安置番号だった。妻からの電話で石巻西高の体育館に叔父が安置されていることを聞いたときは耳を疑った。そして、この日を機に現実から逃げないで立ち向かおうと覚悟を決めた。

「誰かがやらなければならないのならば、自分がやる。お互いさまだ」

そして、亡き父のことを思い出した。父の葬儀では長男が位牌を持つしきたりだったので、位牌を抱えたまま海の見える小高い墓地まで歩いて行った。地域の人が棺桶を埋める穴を掘っていてくれた。桶に座るように入れられた父は、中蓋《なかぶた》のようなものを被《かぶ》せられたまま土をかけられていった。

最後に、長男の私が棺桶の蓋に釘を打ちつけた。人間が死んだら火葬にされるはずなのに、父はそのまま土に埋められた。小学生の私にとって、父が死んだ実感がわかなかった。埋められた場所にいつでもいる感覚が残っていたからだ。避難所運営で仮埋葬の情報を耳にしたときにこの感覚がよみがえった。

避難所運営をしていた当時の被災地は、安置所だけでは収容しきれない数の遺体や身元不明者が多かった。さまざまな事情で火葬場が稼働しなかったり、稼働しても追いつかない状況になっていた。そして、自衛隊の手厚い作業で仮埋葬はすすめられていった。一日でも早く火葬されることを願う遺族のことを思うと、幼い頃の父の埋葬の光景と重なった。

しかし震災直後は、地域で仮埋葬の光景や掘り起こしの情景を目にした生徒がいたことなど想

遺体を仮埋葬する自衛隊員

像すらできなかった。日常生活で意識しない「生と死の境界」が、現実のものとして子どもたちの目の前に突きつけられたのである。そして、生徒たちのこころの変化が、学校生活のいろいろな場面でも現れ始めた。自分でも意識しない感情に襲われたり、眠れずにうなされたり、身体に変調をきたす生徒もいた。震災直後は、生徒たちに仮埋葬のことを聞けなかったので、何年か経過してから「語り部」の活動をしている生徒から当時の話を聞いてみることにした。仮埋葬について語る生徒の様子から、中高生の「死生観」について考えてみたかったからだ。ほとんどの生徒たちは、日常生活で「死」について考えることはめったにない。「生」が当たり前のことのように生活しているからだ。しかし、生徒を守る立場にある教師は、災害の多い時代を生き抜く子どもたちの「死生観」についても考えるべきだと思っている。何が起きるかわからないという危機意識は、「死」が隣り合わせにあることを常に想定しておくことでもある。

東日本大震災では、多くの人たちがその尊い命を奪われ、たくさんの遺体が土葬にされたのである。身元不明者は、番号札だけがその場に立てられていた。その番号札を見ながら通学する生徒の眼にどのように映ったのだろうか。そして何を考えていたのだろうか。子どもたちが、自分の言葉で語ってくれる時機を待った。

対談　仮埋葬

三月十一日、雁部那由多《がんべなゆた》君は東松島市立大曲小学校の五年生だった。彼は小学校の昇降口で津波に流されそうになった人を助けることができなかった。たった一㍍《メートル》も離れていない場所で、助けを求めて手を伸ばした人を見捨ててしまった。それから、自分を責める日が続いたり、夢でうなされたりもした。学校が再開してからも、学級がパニック状態になるので、震災のことについてふれないようにと指導された。そして、自分の感情を封じ込める日が続き、中学生になってからも続いた。その後、彼が中学二年生のときに行われた諏訪市と東松島市との防災交流をきっかけに閉ざしたこころを開くようになり、現在は「語り部」として活動を続けている。

齋藤　いろいろとつらい体験があったと思いますが、学校が再開したのはいつ頃からでしたか。

雁部　大曲小学校の五年生の終わり頃です。四月二十一日から学校が再開しました。

齋藤　雁部君が、初めて仮埋葬された場面を見かけたのはいつごろですか。その場所はどのあたりでしたか。

雁部　確か仮設住宅に移る前なので、六月から七月でした。埋葬している場面を直接見たわけではないのですが、仮埋葬された後に数多くの番号札が立っている状態の仮埋葬場を見ています。大曲浜の近くの大橋を渡ったところに大きな仮埋葬所がありました。たくさんあったんですが、番号だけでした。身元不明の方だと思いますが、最初に見たのは小学校六年生のときです。

齋藤　初めて仮埋葬された場所を見たときの感覚というか、気持ちはどうでしたか。

雁部　仮埋葬はそのまま土に埋めてしまう。一度でも埋めてしまうということは、当時の僕の感覚からするとものすごく痛々しいことだと思ったんです。僕は津波の被害に遭った方の遺体を見ているし、津波被害に遭った後の小学校にも遺体が置いてあったことも知っています。その方々が、そのままの状態で普段通る道の横に埋めてある状態を見て、ものすごく可哀想だなと思ったんです。

齋藤　現実問題として、今は人が亡くなったら火葬されますが、災害があった当時はたくさんのご遺体を見るという場面もたくさんありました。普通なら火葬され納骨されるべき人が土葬にされるのは、小中学生や高校生でもなかなか受けとめられないものです。

雁部　はい。僕は小学四年生のときに自分の祖父を亡くしているんですけれど、亡くなった直後はその人が寝ているのと変わらないような姿なんです。お葬式をあげて火葬にされてお墓に入るのを経て、亡くなった実感がやっとわいてきます。そのまま埋められているというのは、生と死の区別がないように感じます。葬儀があることによって隔てがあったはずなんです、震災前は。それが仮埋葬になると、生きている人と死んだ人が同じところにいるような感覚になりました。

齋藤　阪神淡路大震災のときもそうでしたが、大きな災害があると犠牲者を追悼する喪の儀式が行われます。石巻西高の場合は、震災モニュメントを建立しました。震災から一年後の三月末に除幕式を行ったときは、確かにつらいことを思い出す生徒もいましたが、喪に服する儀式をしてあげることによって、生徒たちが一歩前に出られるように後押しをしてあげる意味はありました。雁部君は、小学校六年生から中学校二年生あたりまで自分の心を整理する機会もなかったと思います。その当時の生活について話してもらえますか。

雁部　僕の場合は、震災直後からずっとフラッシュバックというか、寝ている間に亡くなった方のことを夢で見たり、何もしていなくてもパッと思い浮かんだりすることはありました。それは、あの仮埋葬の場所を通ったときでした。すごく印象の強い場所でしたから、何度か夢に出てきたこともあります。それは中学校に入ってからも変わりませんでした。

例えば、直接瓦礫《がれき》にふれるとか震災の話題になるとか、そういうことは復興が進むにつれてどんどん減ったんですが、震災のことを思い出したときは、むしろ次第に強くなっていきました。しかし、友達同士で仮埋葬の話が出たことはないです。やっぱりいろいろと関わっているんですよ。その当時は、もちろん僕の共通の友達も亡くなっていますし、家族を亡くした友達もいたので、誰も気安くそういう話題が出せる状況ではなかったんです。小学生でしたけど、お互いにわかっていて話題に出さなかったんだと思います。

中学校に通うようになってからの三年間は、学校が大曲浜の反対側なので仮埋葬の場所に行くことがなくなっていきました。でも高校に入学してからは、仮埋葬の場所が通学路になったので、毎日そこを通りました。ですから、自転車通学だった高校一年から二年にかけては、行きも帰りも毎日のように仮埋葬された場所を見ていました。

齋藤　そうすると、震災後から高校二年までの約六年間は、その仮埋葬の場所に身元不明者の番号札がまだあったということですか。

雁部　はい、高校に通い始めた頃は、震災当時に比べると減ってはいるんですが、それでもざっと見た感じで三十～四十もの札が並んで立っていて、そこに花が添えられていました。それが、高校一年から二年にかけて数がさらに減っていきました。最後の番号札がなくなったのが、僕が電車通学に切り替える直前だったので、高校二年生の春から夏にかけての五月か六月頃だったと思います。そして、一番最後の札と花がなくなったときは、ものすごくホッとしました。やっぱり、ずっと何年間もそのままの状態で眠っていた方が、やっとご家族のもとに帰れたんだと思いました。仮埋葬所が閉鎖になってサッカー場になったときは、ホッとした気持ちと同時に、仮埋葬は人の姿のままだから、そこにまだいるという感覚が残りました。

思い出すと、震災直後の遺体の扱い方は、人として大切に扱ってくれたと思うんです。自衛隊や警察の方が必死で捜索して、毛布に包んで道に置きました。決してモノとしてじゃなくて、人としての扱い方でした。だから、人の姿のまま埋まっている、その人はそこにまだいるんだっていう感覚がずっと僕の中にあったんです。何年間もそこに一人でいると考えてみると、ものすごく苦しいことだと思うんです。それがやっと家族の元に帰って行った感覚は、普通の人が亡くなったときの感覚とは全然違います。やっと、ひと段落ついたんだと思えるようになりました。

齋藤　そうでしたか。東日本大震災に限らず、大きな災害の後には、生と死の境界が希薄になります。地域で育ち、その地域の学校に通う生徒たちにとって、日常生活の場が埋葬場になるというのはとてもつらいことです。

ただ、生と死の問題に向き合うときの難しさは、生徒ひとり一人で温度差があるということです。全体で取り上げて話題にすることもできないし、かといって目を背けてもいけない問題です。やはり、子どもたちには、いのちとどう向き合うのか、そしてどうつないでいくかという問題について考えることがとても大切です。

雁部　震災前に僕が通っていた小学校では、防災教育というと災害からいのちを守る訓練が中心だったと思います。やっぱり、いのちの大切さについて考える観点からも、防災教育や道徳の授業などを、もっとやったほうがいいと思います。震災を体験して一番つらかったのは、人のいのちが失われることでした。家がどんなに壊れてもまた建てればいいし、車が流されてもまた買うことができるし、手に入るものと手に入らないものの大きな違いは、やはりいのちだったんです。自分のいのちだけでなくて、他人のいのちも大切に考えることを小さなときからもっと教えてほしいと思うんです。

齋藤　雁部君の話を聞いて、子どもたちの「死生観」について考えるヒントをもらいました。私にとっても、「いのちと向き合い」ながら「いのちをつなぐ」教育を語り継ぐときの重要なヒントになりました。ありがとうございました。

第三章　学校再開

学校は苦悩する

石巻西高では、在校生九名と新入生二名の計十一名が犠牲になった。一年生が一名、二年生が四名、三年生が四名で、石巻市大川地区と渡波地区、女川町、東松島市の大曲地区と野蒜地区の生徒だった。自宅にいて祖母を助けようとした生徒、祖父の誕生祝いの日に亡くなった生徒、買い物に出かけた車で流された生徒、祖母を助けるために自宅に戻った生徒など、弔問してそのときの様子をうかがうたびに言葉が出なかった。生徒の安否確認中に訃報が届き、クラス担任や部活動の顧問は悲しみにくれた。保護者で犠牲になった方は十三名で、生徒の中には両親を失った者もいた。新入生の二名は、受験を乗り越えて合格した生徒で、入学していればきっと楽しい高校生活を送れたはずだろうと思い、入学式で呼名だけしてあげた。

授業を再開するにあたって、遺体安置所・検視所として使用された体育館及び周辺一帯は、業者による清掃と消毒で使用可能な状態にしてもらい、避難者が使用した部屋や廊下などは、学校

石巻西高校の生徒昇降口

再開の日にあわせて清掃をしてもらった。地震による施設の被害は随所にありながらも、授業再開に支障がないまでに復旧した。生活面での被害状況は、家屋被害で全壊が百五十名、大規模半壊が八十三名、半壊が十八名で計二百五十一名にのぼった。これは全校生徒の四〇％以上に該当し、床下浸水による一部損壊を含めると在校生の半数が津波被害を受けたことになる。被害の目安は、家屋流失と一階天井くらいの浸水が全壊、一メートルを超える浸水が大規模半壊、床上浸水が半壊、床下浸水が一部損壊と判定されたが、被害の程度によって補助金の額が決まるので査定が大変だったと聞いた。教職員については、家屋全壊が四名、大規模半壊が八名、半壊が一名の計十三名が被害を受けた。

　学校が再開してからは、生徒の安全が最優先である。校内での生活は教員の目が行き届くので対応できるが、登下校時の事故や犯罪に巻き込まれることをもっとも警戒した。被災地の治安については、さまざまな風評被害や流言飛語がどこからともなく耳に入ってきた。

例えば、三月二十二日付で送られてきた「被災後十日間の治安状況について」の文書には、次のことが書いてあった。

「犯罪の発生が、出店荒らし三十九件、空き巣二十六件、ガソリン抜き取り十六件、倒壊したＡＴＭからの窃盗二件」

「治安強化対策として、街頭パトロール、量販店・コンビニなどに対する防犯対策の指導」

「捜索救助活動は、捜索救助部隊約八百名、交通部隊二百三十二名、検視班五百三十六名、ヘリ部隊九機三十八名、遺族支援班二百一名」

いつになったら地域の安全が確保されるのか見当もつかなかった。とりわけ、発生が懸念される犯罪としては、損壊家屋のリフォーム商法、高額な廃材処分費用を請求する事案、義援金を使った詐欺や空き家を狙った空き巣、高齢者や女性を狙ったひったくり、ガソリンや貴重品を狙った車上ねらいなどがあげられた。

一方、一般交通機関が復旧しない地域や冠水のために通行できない地域では、通常登校が難しかったので、遠方に避難して交通機関もなく家族も送迎できない生徒に対して教職員が送迎するなどの対応策をとった。

二〇一一年四月の時点で震災の影響で転出した生徒は十二名で、県全体としては百五十八名、そのうち県外へ八十六名、県内へ七十二名が転出した。転入してきた生徒は県全体で百五十九名で、県外から八十四名、県内から七十五名となった。新入生の場合は、入試で合格した学校から四月一日付けで転出する手続きをとったが、転校を余儀なくされた生徒との別れはつらく、幸せを祈らずにはいられなかった。

四十四日間におよぶ避難所運営と学校業務は、教職員を心身ともに疲弊させた。教員にとって目の前に生徒がいないのはつらいものだ。生徒の安否確認、教え子の訃報を受けとめながら、四月十一日の出校日を心待ちにし、久しぶりに登校してきた生徒たちをしっかりと受け止めた。

しかし、深刻な被害を受けた渡波地域に自宅があった教員は、家族の安否を確認することもできないまま仕事に追われていた。担当学年の生徒が四名も犠牲になる訃報を受けとめながら、校務に専念する姿が痛々しかった。

確かに、学校の主人公は生徒たちだ。しかし、教え子を亡くし、親戚を亡くし、家を失いながら教壇に立つ教員の姿が、報道などで取り上げられることは少ない。私には、教職員の「こころのケア」にまで配慮できなかったことに対する後悔の念が、今でも消えずに残っている。想像を絶する光景と追いつめられる時間との狭間《はざま》でわかったことは、それでも教師であり続けなければならないという厳しい現実だった。

さまざまな支援を受ける

学校が再開してからは、物的支援、人的支援、経済支援など、日本だけでなく世界各地からたくさんの心温まる支援をいただいた。

物的支援や人的支援については、震災直後から国内外を問わず、たくさんの人たちの力に支えられた。とりわけ、避難所運営のときの水と食糧は、最低限の生活を維持するライフラインの要だった。学校生活を送るうえで、まともに生活条件が整わない生徒が多すぎて、教職員だけですべてに対応するには限界があり、国内外のさまざまな支援があってこそ、学校としての機能をかろうじて保つことができた。普段では考えもしない人たちの関わりや支えによって学校が成り立っているのだとあらためて実感した。

例えば、部活動では関係団体からの支援で各種大会にも出場できるようになり、生徒たちにも笑顔が戻ってきた。部活動の場合は、各部のニーズにマッチングした支援に勇気づけられた。吹奏楽部の楽器や運動部の用具の支援に始まり、次第に実践的な指導をしてくれる人的支援が増えていった。やはり、避難所運営のときの人的支援とは異なり、多くの生徒たちに「ひとつ上」をめざす希望を与えてくれた。

経済支援としては、学校諸経費の免除措置がとられたり、教科書・文房具などの無償給与の手続きも速やかに行われた。石巻西高での育英奨学資金の貸し付け申請は、全校で百十八名にものぼり、生徒の中には希望進路も変更せざるをえない者が多かった。心配したのは、震災後に進学を諦めかけた生徒たちが学習意欲を失い、さらに学校生活にも希望を失いかけ、アルバイトをしながら家計を支える生徒もいたことだ。また、避難所暮らしを余儀なくされ、仮設住宅から通学する生徒の姿を見るにつけ、「教育は無力なのか」と思わずにはいられなかった。

とりわけ、義援金の使途については、職員会議で方針や基準を明確に決め、その趣旨にかなうような使い方を検討し、できるだけ記録を残すように心がけた。それは生徒たちが、学校が落ち着いてから感謝の気持ちを伝える機会を持たせようと考えていたからである。支援に慣れてしまうことを懸念したからでもあった。

ここでは、経済支援の例として公益財団法人「みちのく未来基金」について紹介しておきたい。

対談 みちのく未来基金

この基金は、東日本大震災で保護者を亡くした生徒を支援するものである。対象となるのは、岩手県、宮城県、福島県の三県だが、この基金で多くの生徒たちが救われた。震災時に生まれた子どもまで対象になるので、二十年以上の長期にわたる奨学金制度である。保護者を失った生徒への支援は、「こころのケア」だけではなかった。学校は生徒に対して経済支援をしてあげることはできない。日々の教育活動の中でいくら夢や理想を語っても、生活基盤を失った生徒たちを救うことはできない。進学の道を絶たれた生徒たちにとって、この「みちのく未来基金」の存在は、希望を捨てないで生きる道を与えてくれたのである。同時に、日本の企業による社会貢献の底力を知ることにもなった。

二〇一七年七月、「みちのく未来基金」を立ち上げた当時の担当者であったカルビー食品の安井正紀さんと会うために上京した。

齋藤　「みちのく未来基金」の立ち上げは、阪神淡路大震災のときの経験がきっかけだとうかがいましたが、その経緯を教えてください。

安井　きっかけは、二〇一一年四月に、ロート製薬の会長から次のような話があったことです。「阪神淡路大震災のときにやり残したことがある。親を亡くした子どもたちが、高校卒業まではどうにか支援できたのだが、そこから先までの支援はできなかった。経済的な理由で進学を諦めざるを得ない子どもたちがたくさんいた」

しかし、ロート製薬一社だけでは難しいので、カルビー食品とカゴメ食品とロート製薬の三社が、まず提携して基金を立ち上げようと第一歩を踏み出し、その後にエバラ食品が加わりました。

齋藤　以前から、企業による社会貢献の理念と実績がなければ急にはできない事業だと思うんですが。

安井　社会貢献云々《うんぬん》ということ抜きで、これはやらなければいけないんだと決定しました。

齋藤　大きな災害が起きると、学校や行政、企業が「顔の見える関係」になりますね。学校が再開してからは、さまざまな奨学金の経済支援がありました。これまでの担当教員だけでは処理しきれない状況が続き、手分けして対応しました。情報提供された生徒や保護者も理解が不充分だったり、相談された担任も説明できなかったりで、混乱状態が続きパンク状態でした。受給資格や条件が合わなかったり、他の奨学金との重複が認められなかったり、返済義務の条件から断念せざるを得ないケースが多かったと記憶しています。ですから、「みちのく未来基金」の話を初めて聞いたときは、これだけの経済支援をしてくれる企業があるのだろうかと正直言って驚きました。保護者の失業などで学校生活を続けられない生徒も出てくるだろうと考えていたので、「みちのく未来基金」の関係企業の姿勢に感動しました。それからは、校長室に顔を出す生徒に忘れずに伝えていました。

「社会貢献する会社に就職したり、地域のために働く社会人になりなさい」

「みちのく未来基金」だけでなく、さまざまな経済支援があったからこそ、生徒は希望進路に向かって一歩を踏みだすことができたんです。

安井　当時を振り返ると、紙媒体での文書は各学校にたくさん届いていたと思います。民間企業は現場主義なので、学校に直接出向くしかないと判断しました。「みちのく未来基金」に対して、宮城県以外の会社や団体からの支援が多かったんです。

齋藤　東日本大震災に限らず、過去の歴史を振り返ってみても、大きな自然災害は多くの日本人を動かしてきましたよね。でも、支援の思いがあっても行動に移せない人も多かったのではないかと思います。ここで、「みちのく未来基金」の支援を受ける条件や期間について具体的にお話しください。

安井　この基金の対象は、東日本大震災でご両親かいずれかの親御さんを亡くされた方で、高校卒業後の進路が大学、短大、専門学校を希望する生徒で、入学金と卒業するまでの授業料を返済義務なしで給付するというものです。一番大きな特徴は、人数制限を設けなかったことと、学びたい意欲があれば誰でも応募できることにしたことです。とりわけ、専門学校を含めたところが大きかったと思います。

齋藤　安井さんの担当は、宮城県全域だったと思いますが、該当する生徒は何名くらいでしたか。

安井　学校を訪問するうちに人数が増えてきて、最終的には確か六十名くらいになりました。

齋藤　学校としても「みちのく未来基金」のおかげで、被災生徒の全体像が見えてきたところがありましたね。県内外の震災遺児のことを知るのは難しいですから。実際に該当する生徒と面談をしたと思いますが、生徒は我々に相談できないことでも話せたのではないですか。

安井 親を亡くした子どもなので気をつかいましたが、私は背中を押してあげるつもりでいました。過去のことよりもいかにして前に進むのか、何年か先を見越して押してあげようと心がけました。

齋藤 将来につながるからこそ、心の中を打ち明けてくれるんですよね。お金の話をしていけば、自然と将来の生活についても話すことになるし、進路相談とか人生相談になっていきますからね。教員に言えないことでも「みちのく未来基金」の方には話せる生徒がいたと思います。そして、この基金のおかげで卒業式まで頑張り通せた生徒がいたことにクラス担任が感謝していました。将来の希望がなくなると気持ちが荒《すさ》む生徒もいますから。

安井 立ち上げの時点で二十五年間継続すると謳《うた》っていましたので、こちらも必死でした。いずれ個人情報の問題が出てくるだろうし、人が入れ替わったときに関心度は低くなるだろうと懸念していました。さらに、お金の渡し方についても検討しました。家族に振り込んでしまうと使い込まれてしまうケースが発生していたからです。当初は、家庭に振り込む予定だったのですが、ある高校の教頭先生から指摘されて、学費納入の手続きのときに「みちのく未来基金」から進学先に直接納入することに決めたんです。

齋藤　震災後は、お金にからんだ問題が発生していましたから、学校側もその生徒を守るのに必死でした。毎年、岩手県、宮城県、福島県で百名以上の対象者がいるようですが、最初は全国でどれくらいでしたか。

安井　全体で千八百名中、千五百名〜千六百名くらいは、被災三県を中心とした東北にいました。そして、残りの二百名くらいが全国に散らばっているという厚労省のデータがあったんです。二百名と言っても、首都圏にもいれば、北は北海道から南は沖縄までいました。千七百名中、千四百名位はこちらで把握できています。この基金がスタートした当時は、高校三年生を中心に把握する程度でしたが、二年目からは、二十五年くらいは基金を継続すると案内したので、一、二年生も把握できるようになっていきました。齋藤校長からもアドバイスをいただきましたが、この基金の存在が早めにわかれば、一年生の段階から勉強に取り組む意欲も変わってくるし、進路選択の幅が広がると考えるようになっていきました。

齋藤　三年生になった時点では、進学を諦めている場合が多いんですね。さらに、できれば中学校にも何らかの形で周知する方策を考えるべきだとアドバイスをした記憶があります。そして、教育委員会の承諾を得てから動いてみてはどうかと。

安井　そうでしたね。しかし、学校によって対応に温度差がありましたし、そのつど先生方にお話しをして納得してもらうようにつとめました。中学三年生の高校選びにも影響してくるので、早めに周知しておいた方がいいと伝えました。

齋藤　いくら少子化と言っても、兄弟姉妹のいる家庭はまだまだ多いですからね。兄や姉がこの基金のおかげで勉強を頑張っている姿を見て、中学校段階から自分も支援を受けて頑張ろうという意識を持つんですよ。やはり教育委員会とのパイプが必要になってきますね。学校から知らされなかったとか、先生は教えてくれなかったと訴えてくるケースが出てくるのを心配していました。「みちのく未来基金」の大きな課題は、ここにあると考えられます。マラソンにたとえれば、折り返し地点までは基金の存在を周知徹底していくことだと思いますね。人事異動などによって教職員が被災地を離れていくわけですから、申し送りがしっかりとなされていくことが重要ですね。

安井　校長会でも取り上げられるようになってきたので前進したと思っています。今では、他県との連携も進めながら運用するようになっています。われわれのデータでは、震災孤児・遺児の六割が宮城県でした。そのうちの半分以上が、石巻地域と気仙沼でした。

齋藤　最近は各地で自然災害が多発しています。このような時代だからこそ、多くの企業との連携による経済支援は不可欠になってくると考えています。そういう関係を構築していかないと、日本の将来を担う子どもたちを育てていくのは厳しくなります。

安井　災害であろうが仕事であろうが、結局は人が動くんですよね。いかに人とふれあうかが大事になると思います。これまでの活動を通して、向き合って話すことの大切さを痛感しました。今の時代はすぐにネットとかに頼りますけど、災害時は何でも人がやるしかないんです。自分たちが経験したことを自分の言葉で伝えていくわけですから。

齋藤　そうですね。企業で働いている人にとっても、若者と関わることによって新鮮な視点や柔軟な発想を感じるのは大切なことです。最近は、役割だけの人間関係が目立っていますからね。学校という教育の場は、まるごとの人間関係で成り立っているんですよ。

安井　たまにですが、叱られるのを新鮮に受け止めてくれる学生もいますね。社会人になって人と接する機会が減った者もいるんです。そういう意味で「みちのく未来基金」は、社会人になってからも結びつきは強いんだと思いますね。

齋藤　やはり、社会全体で子どもたちの成長を見守りながら、時間をかけて育てることがますます大切な時代なんですね。ありがとうございました。

生徒会が変わる

震災以降、生徒会執行部の役割が大きく変わっていき、寄せられた支援に対する返礼、防災を主とした交流の窓口としての役割が増えていった。そして、交流活動が盛んになったことで、石巻西高の生徒会は新たな段階に突入した。世界各地とのつながりを実感するとともに、自らが

「発信者」になる自覚のもと、多くの生徒が積極性を持つようになった。このエネルギーは、通常の生徒会行事や委員会活動にも及び、より活力のある学校が形成されていった。

生徒会顧問の佐藤彰伸教諭は、次のように考えていた。

「生徒たちは、震災でかけがえのない多くの仲間を失った。親しい人のみならず物心両面で多くのものを失った生徒がほとんどだった。しかし、だからこそ自分たちに残されたものや可能性を大事にしていかなければならないという意識がどこかで働いていたのかもしれない。生徒たちのこころの成長と活動は、そうした視点から読み解くことができるのではないだろうか」

震災後の教育活動再生の中で生徒会が果たす役割を模索し、そのかじ取り役を佐藤彰伸教諭に託すことにした。

例えば、五月にずれ込んだ生徒総会で、生徒会三大行事の西翔祭（文化祭）を実施するかどうかを生徒たちに議決させたときのことだ。石巻地区の各校に問い合わせると、文化祭を自粛するとか「それどころではない」との返答が多かった。しかし、石巻西高では生徒の意思を尊重した。教師が主導するのではなく、苦難のときだからこそ生徒に考えさせる道を選択したのである。生徒会執行部は、全校生徒にアンケートを実施し、その結果を生徒総会の場で諮《はか》ることにした。結果は、開催に賛成が圧倒的多数で可決され、私は安全性に対する万全の準備を怠らないようにとだけ助言した。

その後、余震への危険防止の観点から、体育館の「せり出しステージ」を中止すべきだという意見も出たが、生徒たちは「恒例」へのこだわりが強く、設営から解体まで自主運営とすることを条件に、「せり出しステージ」を設置することを認めさせた。生徒の自主性がこれまでにないくらいに発揮され、それ以降も自主性が定着していくきっかけになった。

五月中旬、在校生の弔問に出かける。
六月十二日、卒業生の告別式に参列する。
六月二十日、卒業生の弔問に出かける。
七月中旬、在校生の弔問に出かける。
七月二十六日、卒業生の告別式が行われる。

教え子を追悼する

七月三十一日、石巻北高校飯野川校で卓球競技の技術講習会を行った。私は教員になってからずっと卓球部の顧問をしてきた。大川小学校で津波の犠牲になった教え子は、努力家の選手で石巻地区のチャンピオンにもなった。私が赴任した飯野川高校には、本校と十三浜校があった。本校は新北上川を眼下に見下ろし、上品山《じょうぼんさん》を眺望できる場所にあり、生徒も教員もその景観を誇りにしていた。

十三浜校は、新北上川の河口近くに位置する場所にあり、対岸には大川小学校を遠望できた。二〇一〇年に飯野川高校が閉校したことで宮城県石巻北高等学校の分校となった。そして、同年八月に飯野川高校の跡地に移転した。もしも、この地に移転していなかったならば、津波による甚大な被害を受けていたに違いない。

震災以後は、津波の被害で校舎が使えなくなった雄勝中学校、雄勝小学校、船越小学校が一緒に学んでいた。飯野川高校の体育館は、私にとって指導者としての原点であり、多くの選手たちとの思い出がたくさんつまっている場所だ。その思い出の場所に、大川小学校で津波の犠牲になった鈴木美智代(旧姓長沼)さんが安置されていたことを知ったのは、震災後しばらく経ってからだった。

技術講習会は、これまで親交のあった仲間たちが集まってくれた。宮城県のトップクラスの中学生と高校の選手による追悼の技術講習会を企画したところ、快く賛同してくれた。講習会当日の朝に鈴木美智代さんのご主人にも報告をしたところ、その日が彼女の告別式だと教えられた。参列できない非礼をわびたが、ご主人はそのことを理解してくれた。

「妻もよろこんでいると思います」

開会の挨拶の中で講習会の趣旨を伝え、参加者全員で黙とうを捧げた。未熟な指導者だった私を支えてくれた当時を思い出しながら、彼女の冥福を祈った。

十月十三日、在校生の弔問に出かける。

演劇公演「ゴジラ」

十二月十一日、復興支援演劇公演。京都造形芸術大学映画学科の学生たちが、遺体安置所になった東松島高校の体育館で演劇「ゴジラ」を上演してくれた。震災のあった二〇一一年の公演だからこそ意味があると学生たちは考えていた。劇作家の大橋泰彦作の『ゴジラ』は、各地で何度も上演されている不朽の名作である。

この作品は、実際に怪獣ゴジラが登場するものではない。等身大の役者が怪獣ゴジラを演じながら、一人の少女との出会いを通して、生きることの意味や愛とは何かを知るというストーリーである。演出を手がけた京都造形芸術大学の水上竜士先生は、この時期の被災地で上演すべきかどうか何度も悩んだという。たとえ、怪獣ゴジラが作り話のキャラクターであったにしても、東日本大震災後の被災地で街を破壊する場面を見せるのは、あまりにも残酷に映るのではないかと心配したからである。ましてや、福島原発と放射能問題のことを考えてみても、ビキニ環礁の核実験をもとに製作された怪獣ゴジラを上演することにより、被災者の恐怖心を煽《あお》るのではないか

演劇では、わが子がヒロイン役を演じた

と考えていた。それでも、この作品の核心になっているのが、前向きに生きる希望と勇気であり、それが必ず観る者のこころに深く伝わることを信じて上演を決めたという。

演劇スタッフは、京都を出て北陸から東北に入る道を選び二十時間以上もかけてやってきた。機材スタッフは、東海道を進み東京で機材を集めてから宮城に入った。「災害復興」の申請をして高速道路を優先的に走り続けて来たという。九日の朝に石巻西高に到着し、わずかの休憩をとってから被災地の視察に向かった。

はじめに大川小学校に到着してスタッフ全員で献花をしたときには、一人の学生がその場にうずくまり嗚咽《おえつ》していた。犠牲になった子どもたちの御魂《みたま》が、京都と宮城の距離を埋めたのだろう。学生たちは、言葉を失いながらもそれぞれの思いで深く受け止めていた。その後、雄勝病院から女川町立病院をまわり、夕方に東松島高校に到着した。そして、校長に挨拶をすませてから会場となる体育館に向かい、ホンモノの劇場さながらに舞台をつくりあげてしまった。

二十名を超えるスタッフは、石巻西高に宿泊して稽古を続けながら翌日のリハーサルに備えた。宿泊中のお世話をしてくれたのは、演劇部の顧問の小野寺栄史教諭だった。彼は演劇部の生徒たちにホンモノにふれさせたいと考えた。震災で傷ついたこころを少しでも癒やし、前に向かって歩き出す勇気を演劇の力に求めたのである。そして、演劇部員にも出番があると聞いてこころからよろこんだ。

十月十日、特設ステージづくりとリハーサルの日。会場設営を手伝ってくれたのは石巻西高の野球部員たちだった。学校から東松島高校まで教壇や机や椅子を何百個も搬送できたのは、野球部顧問の理解と快く協力してくれた部員たちのおかげだ。さらに圧巻だったのは、できあがった特設ステージがホンモノだったことだ。照明係、音響係、大道具、小道具、楽屋など、すべてがホンモノだった。自分たちができるすべてに全エネルギーを注いでくれた。

公演当日は、舞台に立つ若者たちの姿を観ようと、四百名を超える人たちが集まってくれた。オープニング演奏は、石巻西高の吹奏楽部にお願いした。今回の上演にかかる経費は、大学構内で何度か公演を行ったときの募金を充てたと聞いた。利害や損得でなく、心意気で行動する若者の力に感嘆すると同時に、見失いかけていた勇気をとりもどすことができた。

友と再会する

二〇一二年一月二十七日、妻と二人で長野県の上諏訪駅に降り立ち、親友の高見俊樹君と再会した。ホームに降り立ち改札口の向こう側に立っている友の姿を見て手を振った。

「生きていてくれてありがとう」

友の声に思わず涙があふれた。このとき、彼と私が何年にもわたって被災地と諏訪市の子どもたちをつなぐことになろうとは想像だにしなかった。彼は大学を卒業してから諏訪市の職員となり、教育次長として働いていた。

思い起こすと、彼は大学時代に考古学研究会を立ち上げたくらいだから、考古学に対する情熱は並々ならぬものがあった。私たちは、時間を見つけてサークルの仲間と東松島市の里浜貝塚を訪れたり、各地の遺跡巡りをしながら楽しい学生生活を送った。東日本大震災が発生する前に、講師として東松島市にある縄文村を訪れたときに再会して以来だった。宮城県は、彼にとって第二の故郷だという。

二十八日、諏訪市文化センターで学校防災の講演を行った。演題は「忘れないこと、伝えること」にした。諏訪市に着くまで、何度も原稿を書き直し声に出して練習したが、いざその場に臨むと、上手く話そうとする感情は消えて夢中になって語り継いでいた。避難所運営の苦悩、遺体安置所の対応、教え子との別れなど、さまざまな思いがよみがえってきた。

閉会の挨拶の中で、諏訪市教育委員会の小島雅則教育長が、講演資料の最後に載せた小学生の詩を朗読してくれた。声に出して詩を朗読することで被災地とつながり、被災者の思いを共感してくださった。

進行係の高見君は、妻にも発言の場を与えてくれた。震災後の苦難の日々を夫婦で乗り越えてきたのを知っていたからだ。妻は、涙ながらに訴えた。

「話し出したらひと晩も二晩もかかるくらい大変な思いをしました。でも今日はそのことを伝えるつもりはないんです。みなさんにお願いしたいことは、『忘れない』でほしいということです。そして、被災地にぜひ足を運んでいただきたいということを、この場でお願いしたいのです。震災が起きた去年は、たくさんの方に来ていただいたんですね。これからは、二年、三年先のことではなくて、十年、二十年先の話だと思うんです。みなさんのお子さんの時代になっても来ていただければ、本当にうれしいです。映像でご覧になったり、ニュースでお聞きになったと思いますが、一生に一度、歴史に残るようなこの災害のつらく悲しい思いを共有するためには、一度でも良いですので足を運んでいただき、その眼で確かめていただきたいです」

来場した人たちのこころに深く響いた。そのとき、一人の女性が立ち上がって話し始めた。彼女は、石巻市雄勝町の名振《なぶり》の出身だという。東日本大震災の影響が、遠く諏訪市まで及んでいるのだと知った。

この講演会を機に諏訪市と東松島市の交流が続くことになるのだが、すべてはこの日から始まった。そして、親友と二人で多くの子どもたちをつなぐ役割を担うことになっていった。会場には、東京で暮らしている次男も駆けつけてくれて後方から見守っていた。

一月二十九日、遠く浅間山を望む御代田町で講演会を行った。石巻西高の緊急派遣カウンセラーとして「こころのケア」に取り組むきっかけを与えてくれた上原美穂先生の郷里である。御代田町社会福祉協議会主催のボランティアの集いで震災の教訓を語り継ぐことになっていた。このとき、前日の諏訪市の講演会に続き塩害を耐え抜いたモチ米「ミヤコガネ」を紹介した。石巻西高の周辺は、津波による塩害で稲作ができなくなった。しかし、「米づくり」を決して諦めることなく、除塩作業をして稲穂を実らせた農家があったことを紹介した。講演会後に、この「ミヤコガネ」を御代田町の大地に根づかせたいという申し出があった。長野県短期大学の上原貴夫教授で、上原美穂先生のお父さんである。やはり、「米づくり」には、日本固有の歴史や文化に根ざす日本人の「こころ」が息づいていたのである。ここから除塩米の「ミヤコガネ」が、被災地をつなぐ役割を担うことになった。

二月十五日、在校生の弔問に出かける。

二月二十六日、在校生の弔問に出かける。

三月一日、卒業式。犠牲になった生徒の遺族も出席した。

二〇一一年度は、震災で犠牲になった生徒への弔問がつらかった。涙ながらに当日の様子を語る保護者の言葉に何度も胸がふさがった。

それでも、前を向いて歩き出す生徒たちに勇気をもらい、背中を押してもらったからこそ、私たちは立ち直れたのである。

上の写真は、全校生徒が「あ」「り」「が」「と」「う」「ご」「ざ」「い」「ま」「す」で書かれた模造紙を持ち、支援してくれた人たちへの返礼として掲げたものである。日本だけでなく世界中から寄せられた支援に対して、感謝の気持ちをカタチにしようとする生徒たちの姿を見るにつけ、学校再生の確かな手応えを感じた。生徒たちは、震災の苦難の中にあっても、人としての思いやりや感謝のこころを忘れなかった。震災から一年が経った二〇一一年度末のことだった。うれしそうに話す生徒の言葉が忘れられない。

「みなさんの支援のおかげで自分たちは元気になれたという思いを伝えたい」

震災モニュメントを建立する

震災は、喪に服する意味をあらためて考えさせてくれた。犠牲になった生徒とその遺族に向き合っていく立場になり、その関わりの中でさまざまなことを教えられた。それでも、喪の儀式を行う場合は、時期や内容に細心の注意を払わなければならない。儀式を行うときに震災当時の記憶がよみがえり、こころのバランスを崩してしまう生徒がいるからだ。そっとしておくべきだという意見も正しい。しかしながら、喪の儀式には大きな「意味」がある。

時間の経過がもたらす「風化」の問題と「こころ」の支援である。

ところで、二〇〇四年に発生したスマトラ島沖地震の影響で、スリランカでは三万五千人以上の人たちが犠牲になった。石巻西高では、スリランカの子どもたちから寄せられた義援金で震災モニュメントを建立した。出会ったこともない子どもたちの思いが、国を越えて深く伝わってくる。震災モニュメントの建立は、二〇一一年十一月七日に宮城県教育委員会から届いたメールが

除幕式で読経するスリランカの僧侶

きっかけだった。メールには、震災の被害に対する見舞いの挨拶と義援金の趣旨が書かれてあった。義援金は、日本円にして約百万円であるが、スリランカでは約一千万円ほどの金額に匹敵するという。さらに、何らかの形でスリランカの奨学生と交流を行ってほしいと書かれていた。

当時の校長が、喪の儀式と震災を語り継ぐ意義を考えて、震災モニュメントの建立を職員会議で提案し了承された。開校以来、石巻西高は国際理解の推進を謳《うた》ってきたこともあり、スリランカの子どもたちとつながることに異論はなかった。震災モニュメントには、スリランカ以外に義援金を送ってくれた団体名なども刻まれた。

例えば、長野県岡谷市立小井川小学校の子どもたちは、野菜を売ったお金を義援金として送ってくれた。このことを朝の職員打ち合わせで紹介したが、子どもたちの純真な思いに打たれ涙した。
二〇一二年三月二十九日、モニュメント建立に伴う除幕式を実施したが、遠くスリランカの僧侶にも出席してもらった。以下はその碑文である。

記　憶

二〇一一年三月十一日十四時四十六分　伝えなければならないこと
この日この時刻《とき》、宮城県沖を震源とするM九・〇最大震度七の地震が起こり、津波が東北・関東地方の太平洋沿岸を襲いました。東日本一帯が受けた被害は、死者・行方不明者が二万人にのぼり、家屋の全半壊も三七万戸にも及ぶ未曾有の大災害になりました。この地域は震度六強の烈震に揺れ、押し寄せた津波は、海岸から四キロも離れた本校に達し、さらに奥へと進んでいきました。
本校は危うく難を逃れ、奇跡的に被害はほとんどありませんでした。しかし、当日家庭に在った生徒九名とその春の入学予定者二名が犠牲となりました。
その日より本校は、避難所として、また検視所・死体仮安置所として、地域の拠点としての学校の責任を果たしました。中でも避難所は、本校職員のみの自主運営とならざるを得ず、全職員の協力により四十四日間にも及ぶ難局を乗り切りました。

この災害は東日本大震災と命名され、千年に一度の災害と言われています。しかし、時は移り、人は代わっていきます。衝撃的であった震災の記憶も、いつか風化する定めにあります。やがて震災への記憶が途絶え、災害に無防備になることが危ぶまれます。

この碑は、東日本大震災の甚大な被害を永く記憶し、次の世代に伝えることを目的として建立されるものです。そして志半ばに生命を絶たれた生徒の魂を慰め、本校職員がどのように震災に立ち向かったかを残すものであります。

平成二十四年三月十一日

震災モニュメント

震災モニュメントの除幕式が終わってから、いつも学校を訪れて献花してくださる保護者がいた。土井正樹君のお母さんの土井淳子さんである。来校している姿を遠くから見かけながらも、声をかけずじまいの日が過ぎた。二〇一四年十一月、石巻西高の創立三十周年記念式典に出席してくれたことがきっかけで、震災当時の話をうかがうことができた。

齋藤　悲しいことやつらいことを思い出すかもしれませんが、決して無理をなさらないでください。はじめに、震災当日の様子を話してもらえますか。

土井　三月十一日は、正樹もテニス部の活動が休みでお昼近くまで寝ていました。私は仕事があるので十二時四十五分に家を出ました。正樹はずっとパジャマを着たままで、その時に限って正樹の頭を何度も何度も撫でたんですね。そしたら触るなと怒られちゃったんです。それでもしつこく、なんか私もさわりたくなっていて、

「じゃあ行ってきますね」

と言ったら、

「早く行って」

と言われ、それで家を出て職場に向かいました。少し仕事をしていたら間もなく地震が来ました。

齋藤　職場というのは「かんぽの宿松島」ですよね。毎日お勤めに行っていたのですか。地震直後は、お母さんはどこに避難されたのですか。

土井　「かんぽの宿松島」の二階や三階に避難しました。地震が来てすぐに子どもたちにメールをしたんですけど全然つながらなくて。その日は鳴瀬第二中学校の謝恩会があり、私もみんなを避難させなければいけない立場でした。そして、避難を呼びかけていたときに津波が襲ってきました。鳴瀬二中の生徒と親御さんを避難させるのに手一杯でした。本当は家族を迎えに行けばよかったんですが、どうしても行けない状況でした。ふと気づいたときには、もう津波がきていました。屋上に行ってわが家を見たときは、もう家が無くて…。自宅から歩いて五分くらいでした。

齋藤　地震がおさまってから津波が来るまでの時間はどれくらいありましたか。

土井　そのときは、どれくらいの時間なのか全然覚えてなくて。建物の上にあがった時点で、波がすごい勢いで押し寄せて来るのが見えただけでした。

齋藤　とてもつらいことを思い出させてしまいますが、正樹君と会えるまでのことを話してもらえますか。

土井　正樹と会ったのは震災から十二日後の三月二十三日でした。私が、まず「かんぽの宿松島」に一泊してから、そこは危ないということで野蒜小学校にみんなで避難しました。そうしたら野蒜小学校も危ないということで鳴瀬第一中学校に避難したんです。それからは毎日毎日、家族を探しに、正樹を探して避難所や遺体安置所を歩き回りましたが、どこにいるのか分からなくて。最終的には石巻西高の体育館で会いました。

齋藤　そうだったんですか。私の叔父も二〇五番で安置されていました。妻からの電話で叔父さんが石巻西高の体育館に安置されていると伝えられたときは言葉にならなかったです。正樹君が石巻西高の体育館にいることをどこで聞かれたんですか。

土井　知り合いの方が、正樹の特徴と安置番号を告げて体育館の中に入ったら、足しか見えなかったけれども正樹の履いていたＮｉＫｅの靴が見えて、顔を見たら正樹だったという連絡が入ったので、すぐに会いに行きました。

齋藤　正樹君と会ってから事務室に報告にいらっしゃったんですよね。お母さんから「息子が学校に帰ってきました」と聞かされたときは、体から力が抜けて立っているのがやっとでした。自分の学校の生徒が亡くなるなんて思いもよらなかったので、現実のこととして受け止められませんでした。

土井　その日のうちにいろいろな手続きをしました。正樹をどうしても早く引き取りたかったので、石巻西高から運んでもらって東松島の小野にある勤労者体育館で棺に入れていただきました。

齋藤　正樹君だけでなく娘さんとお母さんも亡くなられたとうかがいましたが。

土井　みんな一緒です。

齋藤　そうだったんですね。お母さんにしてみれば、石巻西高への思い入れがとても強いですよね。

土井　もう、本当に強いです。

齋藤　そうですよね。石巻西高には正樹君とのつながりがいっぱいありますからね。震災の一年後に震災モニュメントを建立しようということになり、除幕式の日にスリランカの僧侶や関係者が集まり、犠牲になった生徒たちを追悼しました。学校としては、震災の教訓を後世に語り継ごうと決めたんです。除幕式の前に体育館で追悼式をしましたが、あの場にお母さんもいらっしゃいましたよね。それからお母さんは、いつも学校に来て献花をしてくださったり、飲み物を供えてくださってるんですよね。

土井　震災モニュメントができてから、まだそこに正樹がいるような気がして…。会いたくなるとそこまで行ってモニュメントに刻まれている正樹の名前のところを、こう撫《な》でていました。そうすると、ちょっとは落ち着くかなと思って…。

齋藤　その当時からずっと土井さんを支えてくれているのが、志野さん一家(石巻西高の志野さやか、ほのかさんとご両親)ですね。もともとの志野さんとのつながりを教えてください。

土井　お互いに野蒜出身で、志野さんが私の一つ上の先輩だったんですけど、子供会や地域のバレーボールの練習のときなど、すごくかわいがってもらったり面倒を見ていただいたりしていました。

齋藤　急にご家族全員を亡くされたときに、家族ぐるみでおつき合いしてくれる方がいるというのは、本当に心強かったでしょうね。

土井　本当に心強かったですし、いろいろなことで助けていただきました。

齋藤　そこに、志野さやかさん（当時石巻西高一年生）やほのかさん（当時野蒜小学校六年生）のような明るく元気な子どもがいると大きな力をもらいますよね。

土井　本当にありますね。なんか頭の中で悩んで悲しんでいても、やっぱりあの二人の笑顔で笑わせてくれるんですよね。

齋藤　ところで、ずっとモニュメントに献花していただきましたが、強風で花が飛び散ったことがありましたよね。

土井　私は正樹に会いたくて行くんですけど、風で散らかったお花がどうなってしまうのかなという気持ちがあって、散らかった花は迷惑になるかなと考えたりもしました。なので風の強い日は、お花をあげないで手だけ合わせに行ったりしていました。

齋藤　それで事務長さんに頼んで献花台をつくってあげましょうということになり、土井さんに

「迷惑などかかっていませんよ」

と、電話でお伝えしたんですよね。

土井　あの時は、本当にありがとうございました。

齋藤　学校としてできるのは、そのようなことくらいでしたから。実は、新しい先生方が転勤してきて、

「モニュメントに花を供えてくださる方がいるんですね」

という話題になったんです。そして、ある教員が生徒に呼びかけてモニュメントを掃除しましょうとか、生徒の間にも自然とそのような動きが広まったんです。正樹君を思う母親の思いが、生徒や教員にも伝わっていたんですよ。

その後、二〇一四年十一月に体育館で創立三十周年記念式典とコンサートが開催されたときに出席してくださったんですよね。あのときは、

「やっと体育館に入れた」

というお母さんの言葉を聞いてホッとしたんです。

土井　やっと入れたという思いと安置所だったときの状況が頭に焼きついていて、正樹がまだそこにいるという気持ちになり、一緒に式典に参加している感情がわいてきました。

齋藤　正樹君と一緒に歌を聴けたんですね。コンサートの中で、キロロの「未来へ」を手話コー

ラスで入れたんです。土井さんがいらっしゃるときに聴いてもらえて良かったです。それから、全校生徒が肩を組んで校歌を大合唱したんですよね。あの大合唱の中に正樹君の声もきっと入っていたと思うし、お母さんのこころにも届けばいいなと願っていました。

土井　しっかり届きました。忘れられないです。

齋藤　それから数カ月後に私は退職したものですから、こうしてお話をする機会もなくなりました。それでも私が震災を語り継ぐ活動を続けるにあたって、いつかお母さんとお話をしたいと思っていました。しかし、無理に頼めるものでもないし、直接連絡すれば土井さんはきっと断りづらいだろうと思って志野さんを通して確認してもらいました。ですから、今日はお会いすることができて本当に感謝しています。

土井　校長先生から連絡が来たときは、正直言って私も、正樹のためにみんなに伝えることは伝えなくちゃいけないと思っていました。

齋藤　そうでしたか。もちろん、これは私が決めることではなく、お母さんがお決めになることですが、やはり、正樹君もみんなに伝えたいことがあるんじゃないかなあと思うんです。お母さんから、これからの時代を生きる若者に伝えたいことがあれば話していただけますか。

土井　そうですね。みなさんには何よりも自分のいのちを守り通してほしいです。いのちがあれば何でもできるので、いのちだけは守っていただきたいと思います。

齋藤　つらいお話をさせてしまって申し訳ありませんでした。何かのご縁だと思いますので、これからもこのつながりを大事にさせてください。今日は、本当にありがとうございました。

土井　ありがとうございました。

後日、土井さんから手紙が届いた。承諾をいただいたので手紙の内容を一部紹介したい。

先日は、正樹に会いに来て頂きありがとうございました。私もなぜか校長先生の顔を見たとき、震災当時の西高の体育館が頭をよぎりました。震災の翌年の西高の卒業式にも出席することができました。正樹と同じ年の子を見て私は、自分の気持ちに耐えられるかなと不安でした。どうしようかとすごく迷い、でも正樹の卒業式なのに自分のことばかり言ってはいられないと思い、出席させていただくことにしました。西高の門を入ったときから、入学式などいろんな思い出が…。もう涙があふれて止まりませんでした。

卒業式当日、体育館の入り口でテニス部の子どもたちが、卒業祝いにお花と色紙を持ってきてくれました。本当に涙が止まらず言葉も出ませんでした。それをいただいたときは、正樹はなんて幸せな子だったんだなと胸があつくなり、ありがとうの思いでいっぱいでした。

そして正樹は、平成二十三年三月二十四日付け第一〇一号の立派な修了証書を頂くことができました。

さらに、平成二十八年三月一日には、親友の子の志野ほのかちゃんの卒業式にも出席することができました。もう西高の体育館に入ることは出来ないなと思っていたのですが、私が座った場所が正樹が寝ていた所でした。私は、

「なんでここに座ったのかな…。大切な大切な一番大切な私の息子、正樹が私をその場所に座らせてくれたのかな」

と考えました。あまりの偶然でビックリしました。私は、正樹の母になれたことに感謝していま す。私の未来はもう未完成に終わりましたが、家族はいつでも私のこころの中に居ます。本当に家族に感謝しています。家族だからこそケンカもするし、笑いもある。私は一人になり気づきました。私は、毎日毎日家族に会いたいし、姿が見たい。でも、私が泣いてばかりいると正樹たちに心配をかけるので、少しずつ前へ前へと残されたいのちを大切に生きていきたいと思います。

校長先生、本当にありがとうございました。

第四章　こころの力

生徒の「こころ」と向き合う

この章では、生徒の「こころのケア」に関する内容を紹介したい。全体としてのまとめが、学校の流れと前後することを踏まえて読んでもらいたい。

とりわけ災害時の「こころのケア」の問題については、これまでもいろいろなメディアや研究者が取り上げているが、被災地の学校で長期間にわたって取り組んできた例は少ないと思う。その意味でも、災害後における「こころのケア」の参考になる内容が多いはずである。さらに、日常の教育活動における生徒理解にも役立つ視点があると考えている。

まず、生徒の「こころのケア」の問題を考えるときは、保健室をあずかる養護教諭の存在が重要な役割を果たす。石巻西高では、東京都から緊急支援の養護教諭が一年間で三名派遣され、保健室の業務は複数体制で対応した。

例えば、都立第一商業高校の山口紀子教諭は、八月～十二月までの四カ月間保健室業務に従事した。派遣初日に被災地を案内したが、彼女は目に飛び込んでくる光景に涙していた。津波により基礎だけとなった家や商店、変形した車は何段にも積み上げられ、五カ月経っても津波の破壊力を感じる惨状が辺り一面に広がっていた。そして、生徒がどのような生活をして、どの地域から通学してくるかを知っておくことが重要だと実感したようだ。

彼女が赴任した当初は、夏季休業を終えて、生徒たちが新たな気持ちで学校生活をスタートしたときだった。生徒の大半は元気に登校して勉強や部活動に打ち込み、震災前の日常と変わらない学校生活を送る様子を見ながら、彼女はホッとしたようである。

しかし一方では、多くの生徒と関わる中で震災によるストレスを感じさせない様子を不思議に思っていた。ちょうど震災から半年経った九月に、保健室を訪れる生徒の変化に彼女は気づいた。震災後の日々を生きる中で涙し、苦しむ生徒の姿を目の当たりにしたからである。震災により失ったものや支援は、場合によっては新たな問題を生み、被災した生徒に重く圧《の》しかかることもあることを彼女は知ったのである。生徒は我慢していたのだと気づいた。みんながつらい体験をしたのだから、「自分は高校生なのだから弱音を吐いてはいけない」、「震災以降、無我夢中で生きてきて自分の気持ちと向き合う余裕がなかった」という感情が、いつもと変わらないように振る舞わせていたのである。

確かに、震災後の半年間は、教員の予想に反して欠席する生徒は少なかった。学校に通えるうれしさと友達と過ごす時間が心の張り合いになっていたからである。しかし、半年という時間の重さが、我慢していたものを取り払い心の弱さを吐き出させた。保健室の日誌を見ると、この時期から身体に不調を訴えて欠席する生徒の数が増えていったのがわかる。

保健室でこのような生徒を受け入れるには、生徒が心のうちを表に出しやすい体制を整えることが重要だと考えた彼女は、今まで信頼関係を築いてきた養護教諭に「こころのケア」をお願いして、自分はケガなどの軽微な対応をするように執務調整を行っていった。

さらに、さまざまな話を聞いていくうちに、地域においては学校が、学校においては保健室が、安心できる場所であり続けることの意義を再確認し、平素からその場所づくりを整えておかなければならないと考えたのである。傷ついたこころが回復していくには、今までどおりの「平常」とかなりの「時間」が必要であると、彼女は実感した

サバイバーズ・ギルト

大きな災害が発生して甚大な被害やたくさんの犠牲者が出ると、生き残った人たちの心に「家族や友人を助けられなかった」、「自分だけが生き残っていいのだろうか」、「自分よりももっと大変な人がいるから」という感情が、こころを追い詰めていくことがある。これが、サバイバーズ・ギルト（生き残ったことへの負い目）の感覚である。

そして、「無力感」や「自責の念」が強くなるケースが多い。この心理は、阪神淡路大震災後の「こころのケア」の取り組みの中で注目されるようになった。東日本大震災では、災害の規模が広範囲だったことや地域社会に根づいてきた風土もあり、多くの被災者がこの感情をいだいた。

学校においては、

「友達の分まで一生懸命に生きないと申し訳ない」、

「教え子を救ってあげられなかった」

と自分を責めたり、無力感にさいなまれる生徒や教師が多かった。

また、家庭においては、

「自分よりもっと大変な家庭があるから」

と、ふだん通りの日常生活を送るのに負い目を感じる人も多かったのである。

「こころのケア」のアンケート

ここでは、「こころのケア」のアンケートについて紹介したい。二〇一一年六月～二〇一四年六月まで実施したアンケートの分析結果である。最後にカウンセラーとの対談を載せた。

震災直後の五月に、緊急支援カウンセラーとして長野県から上原美穂先生が派遣されてきた。

そして、通常カウンセラーと二名の養護教諭を合わせての四人体制で子どもたちの「こころのケア」にあたった。上原先生の眼には、当時の石巻西高の職員が混乱のまっただ中にあり、落ち着いて生徒と向き合うゆとりがないように映った。さらに、教員に対するカウンセリングも必要だと感じていたという。

当時の私は、教員集団をまとめる立場の教頭として、仕事に優先順位をつける判断力もないくらいに混乱していたので、教職員の「こころのケア」まで考えが及ばなかった。

上原先生は、緊急支援カウンセラーとして、自分ができることは何かを考え、生徒の日常生活の様子を細かく観察しながら、「こころのケア」のアンケートを実施するように助言してくれた。

そして、二〇一一年六月に「こころとからだのアンケート」様式を作成し、その結果を分析しながら生徒理解に活用してはどうかと提案してくれたのである。私は、冷静に物事を考えながら的確な判断をすることの重要性を気づかせてもらったことに感謝した。上原先生は、五月〜七月までの短期間の在職であったが、その後の石巻西高の「こころの復興」の歩みを考えたときに、大きな足跡を残してくれた。

アンケートを実施する場合は、慎重な配慮が必要である。震災当時の状況を思い出して、精神的に不安定になる生徒が多いからだ。しかしながら、つらい体験に少しずつ向き合わないと、深刻なストレス障がいを持つ可能性が高くなるのも事実だ。いずれにしても、生徒のこころに寄り添いながら、ひとり一人に応じたケアが必要であり、クラス担任が中心的役割を担うことが多くなる。それを支えるのが養護教諭でありカウンセラーである。

学校としては、一日でも早く日常生活を取り戻そうと、全校生徒を対象に「こころのケア」（当時の名称は「こころとからだのアンケート」）のアンケートを二〇一一年の六月と十一月、二〇一二年の六月の合計三回実施した。そして、アンケートの結果を分析しながら個別面談を行ったり、保護者との相談で活用したりした。アンケートの質問項目は、教員の多忙さに配慮して、学校の全体像を把握するという簡略化した様式にした。

その後、上原先生の後任として、東京都から臨床心理士の野島美穂先生が派遣されてきた。野島先生には、生徒だけでなく保護者や職員の「こころのケア」もお願いした。彼女は東京から日帰りで通勤し、私が退職してからも石巻西高校の「こころの復興」を支え続けている。

アンケートは複数回答とし、主な項目の分析結果は次のとおりである。

項目2の**「むしゃくしゃしたり、イライラしたり、かっとするようになった」**については、十一月の時点で二十六名も増えた。震災からの半年間は、欠席も少なく表面的には元気に学校生活を送っているように見えたが、時間の経過とともに震災直後に受けた精神的ショックや日々の生活の中で我慢していた感情が表面化したものと考えられる。震災直後は、家庭でも学校でも忍耐を強いられて、感情のはけ口のない日々が続いた。学校においても、体育の授業や部活動などで

◆　心とからだのアンケート　◆　　　　年　　組　　番

最近何か不安に感じるようになったり困ったりしていることはありませんか？現在の自分の状態を確認しながら，あてはまる番号を○で囲んでください。
記入後のアンケート用紙は 6月28日（木） までに担任の先生に提出して下さい。

1. 心配で落ち着かない
2. むしゃくしゃしたり、イライラしたり、かっとするようになった
3. 眠れなかったり、途中で目が覚めたりすることがある
4. ちょっとした音にもびくっとする
5. 何かしようとしても集中できない
6. 気持ちが高ぶったり、はしゃいだりする
7. 災害の夢や怖い夢を見ることがある
8. 災害のときのことが頭から離れない
9. 考えるつもりもないのに、つい災害のときのことを考えてしまう
10. 災害のときのことを思い出すと、ドキドキしたり苦しくなる
11. 時々、ぼーっとしてしまう
12. 災害のときのことについて、よく思い出せない
13. 災害のときのことは話さないようにしている
14. 災害のことを思い出せるものや人、場所をさけてしまう
15. 楽しいことが楽しいと思えなくなってしまった
16. 誰とも話したくない
17. どんなにがんばっても意味が無いと思う
18. ひとりぼっちになったと思う
19. 自分のせいで悪いことが起こったと思う
20. 人はだれも信用できないと思う
21. 自分の気持ちを話せる人がいない
22. 怖くて一人でいられない
23. 頭やお腹などが痛くなったり、体の調子が悪い
24. 学校にくるのが嫌だ
25. ときどき自分を傷つけたくなる
26. 人とのつながりが大切だと思う
27. 大変なこと、辛いことがあっても乗り越えられると思う

◆どんなことでもかまいませんので何か心配や不安なことがあったら書いてください

「こころのケア」のアンケート（旧様式）

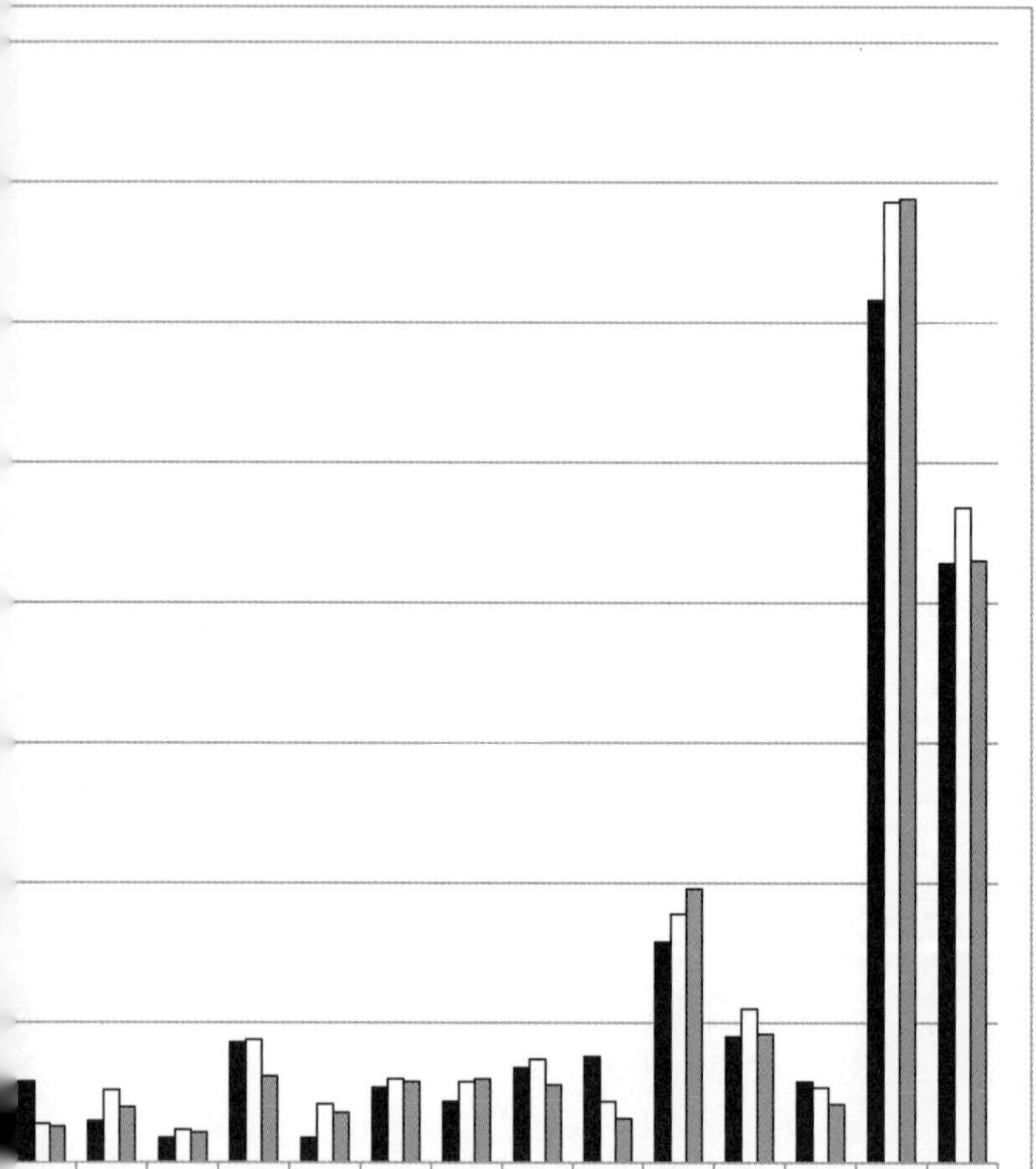

14	15	16	17	18	19	20	21	22	23	24	25	26	27
29	15	9	43	9	27	22	34	38	79	45	29	308	214
14	26	12	44	21	30	29	37	22	89	55	27	343	234
13	20	11	31	18	29	30	28	16	98	46	21	344	215

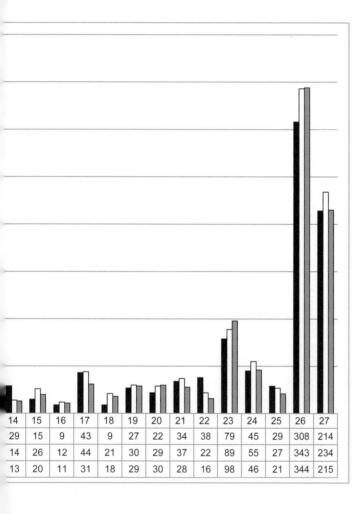

〈アンケート集計結果〉　平成２３年度６月・１１月実施〜平成２４年度６月実施

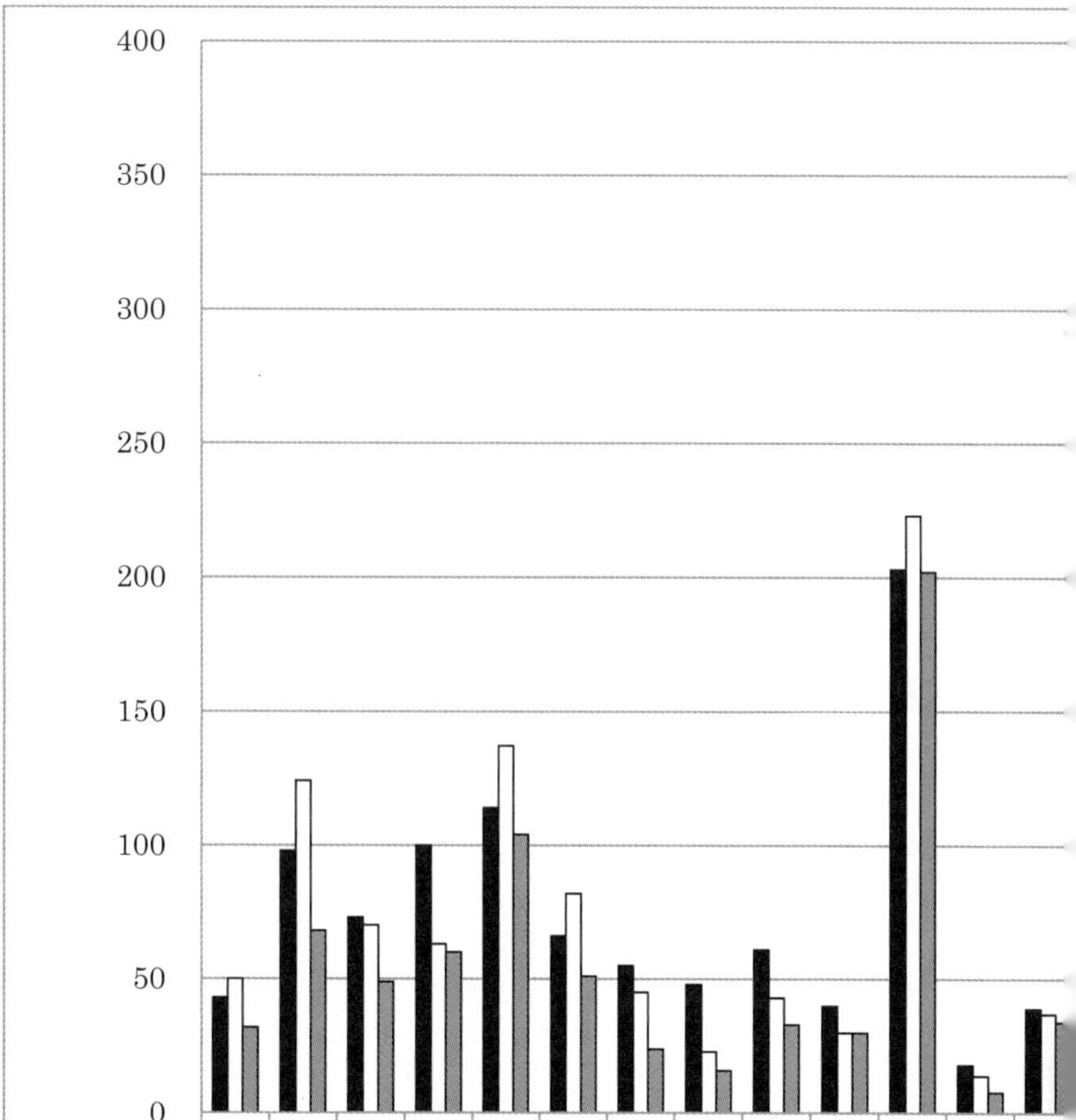

	1	2	3	4	5	6	7	8	9	10	11	12	13
■H23.6月	43	98	73	100	114	66	55	48	61	40	203	18	39
□H23.11月	50	124	70	63	137	82	45	23	43	30	223	14	37
■H24.6月	32	68	49	60	104	51	24	16	33	30	202	8	34

旧様式のアンケート集計結果。最上段の数字は質問項目。下段は回答数。

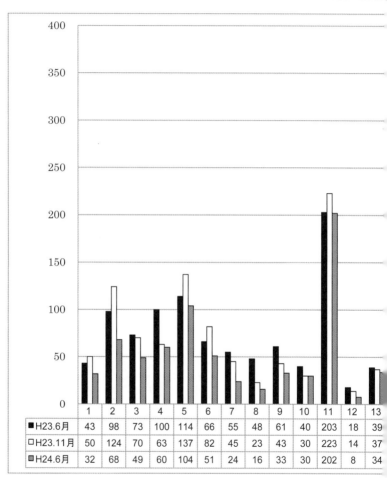

エネルギーを発散させる場もなかった。
その結果、近隣の小中学校では、日常生活のストレスから感情を押さえきれずにそのまま表に出したり、物を壊したりする場面が見受けられた。大きな災害があると、ストレスや環境の変化、教育力の低下から学校生活が落ち着かなくなることを実感した。とりわけ、年齢の低い小中学生は自分をコントロールする力が充分に備わっていないので、荒れる言動が顕著になると近隣の小中学校からも情報が入ってきた。
項目4の**「ちょっとした音にもびくっとする」**が百名と多かったのは、地震のときの地鳴りや物が破壊されたりする音が記憶に残りフラッシュバックする生徒が多かったからである。十一月のアンケートでは六十名に減少したが、音に対するストレス反応は回復が早かった。しかし、九月中旬に一年生の女子生徒二名が、過呼吸状態になり保健室で休養した。その理由は、市民一斉の黙とうの呼びかけ放送のサイレン音を聞いたときに、祖母の遺体を探し歩いたときの記憶が蘇ったからだった。もう一人は、九月六日のスリランカとの交流で、スリランカの生徒が歌った曲が、自分の卒業式で歌った曲だったために、当時を思い出してしまったことが原因だった。
項目5の**「何かしようとしても集中できない」**、項目11の**「時々、ぼーっとしてしまう」**は、合計すると三百名を超え、三回のアンケートに共通して多い項目だった。確かに、想像を超えるような体験をしたときは、心のバランスを崩してしまい日常の精神状態に戻るのに適切なケアと時間が必要になる。多くの教員から授業中の生徒の様子を聞いてみると、一生懸命に取り組もうとしているが気持ちが長続きしないと答えてくれた。そこで、授業に集中できない生徒を見つけたときは、意欲がないと簡単に決めつけて注意したりしないようにと伝えた。

項目7の**「災害の夢や怖い夢を見ることがある」**、項目8の**「災害のときのことが頭から離れない」**、項目9の**「考えるつもりもないのに、つい災害のときのことを考えてしまう」**は、次第に減少傾向を示していった。震災前までの日常生活ならば、無意識のうちに嫌なことや悲しいことを忘れさせてくれるが、震災後の生活の中では、時間の経過がつらい体験を癒やしてくれたのか、感情を封じ込めるようになったのかの判別はできないが、生徒の中には「こころとからだ」のバランスを崩しているように見受けられる者もいた。

項目17の**「どんなにがんばっても意味が無いと思う」**、項目20の**「人はだれも信用できないと思う」**の数値の多さがとても気になった。それは、自分の努力は報われないという諦めにも近い精神状態の表れであり、それ以降も減少傾向は見られなかった。自然の脅威を目のあたりにして無力感に襲われることはよくあるが、その後の生活の中で人間不信にもつながる恐れがあることを懸念した。現代社会を生き抜くためには、人間関係力がとても重要になる。それは、いくら便利な社会になっても人間の本質は変わらないからだ。この項目の数値は、アンケート実施の回数を重ねるにつれて増えていき、「こころのケア」のあり方について深く考えさせられた。

項目23の**「頭やお腹などが痛くなったり、体の調子が悪い」**は、震災直後に我慢を強いられながらも頑張って登校してきた生徒たちが、健康状態の変調を訴えるケースが多くなったことを示している。震災直後の半年間は、我々が心配したよりも欠席者が少なかった。生活環境の変化が体調面にあらわれる数値が増えていったのは、第二回目のアンケートを実施した十一月頃からだった。この結果は、質問項目2の結果に表れた生徒の様子と符合している。

項目25の**「ときどき自分を傷つけたくなる」**だが、自傷行為の可能性と自死の危険性から、生徒の様子を注意深く観察することにした。この症状が、震災前のものなのか震災後のものかの判断はできないが、平均して各クラス一～二名の生徒が該当していたことは看過できなかった。保護者や兄弟などの家族が犠牲になったり、家屋が流失したり、全壊になったりした生徒に対して、細心の注意を払いながら観察するように教員に伝えた。教員の仕事は、最悪のことを常に考えながら生徒を守らなければならないからだ。生と死の境界が希薄になった生活を強いられた生徒が、生きる意味を見失って自らのいのちを絶ってしまうことを最も心配した。「こころとからだのアンケート」を継続した理由は、このような傾向を持っている生徒が、毎年少なからず入学してくるという実態を踏まえたからだ。毎年約二百名の生徒が卒業し、さらに教職員の異動もある中で、共通理解をもって指導しなければならないと考えた。

項目26の**「人とのつながりが大切だと思う」**、項目27の**「大変なこと、辛いことがあっても乗**

り越えられると思う」が最も多かった背景を考えると、つらい体験をした後でも、こころが成長するという力を考える貴重なデータになる。家族や身内に犠牲者がいる生徒、仮設住宅から通学する生徒、保護者が職業を失った生徒、友人を失った生徒の悲しみは言葉に尽くせないものがある。境遇の異なる生徒が同じ教室で生活するときは、厳しい現実を受けとめきれない生徒にとって疎外された雰囲気を感じてしまうものだ。日常会話が少なくなる生徒、自分の境遇を知られまいとする生徒、相手を気遣って話しかけない生徒など、学校として配慮を要する生徒はかなりいた。生徒に寄り添いながらその言葉に耳を傾け、生徒が自らの力で悲しみを乗り越えるのを信じながら、一歩前に踏み出す「場」をつくる必要性を痛感した。このような状況になっても安心したのは、震災後の逆境をプラスに考えている生徒が圧倒的に多かったことだ。震災でたくさんつらい思いをした一方で、人と人とのつながりを通して勇気をもらったとか、社会に貢献できる人になりたいとか、生きる意味を自分なりに見つけようとした生徒がたくさんいたからである。物事を前向きにとらえて行動する生徒のこころの強さは、我々の想像をはるかに超えていた。

参考までに、三回実施したアンケートの自由記述欄を紹介しておきたい。

二〇一一年六月に実施した第一回アンケートでは、心身ともに追いつめられている状態や経済的にも不安定な生活状況になっている様子がわかる。当時の高校一年生は、震災当時の中学三年生である。

一年生は、「電車が動かないと不安」、「地震以外の揺れでびくつく」、「またいつ大きな地震がくるのか心配」、「ふとした瞬間に亡くなった友達を思い出して泣きたくなる」とあった。

二年生は、「やる気が起こらない」、「仮設が決まらず勉強に集中して取り組めない」、「疲れがとれない」とあった。

三年生は、「県外の大学に行って、また災害が起きたらと思うと恐い」、「仮設で生活していけるか不安」、「お金の面で進路が不安」とあった。

そして、二〇一一年一一月に実施した第二回アンケートでは、さらに具体的な生活の様子をうかがい知ることができた。家屋が全壊や流失、大規模半壊になった生徒や家族を失った生徒も含まれている。

一年生は、「今頃になって、一人の時間が多くなった」、「勉強について不安です」、「寝ると必ず夢を見てしまい眠りが浅いので疲れがとれない」、「自分が何のために生きているのか分からない」、「生きているのがつらい」、「何で部活をしているのかが分からない」、「たまに人生を諦めたくなる」、「家族が嫌になった」とあった。

二年生は、「最近いろいろとためいきばっかり」、「今頃になって、急に何か不安定になったり、急に震災当時に戻ったりして気持ちが不安定になる」、「思ったことを行動に起こすことがめんどくさくなった」、「震災後から極端にイライラしたり、悲しくなったりしやすくなった」、「身体がついてこない」、「クラスが楽しくない」、「震災のことを思い出すようになったり、夢に出てきたりする」、「胸のモヤモヤが消えない」とあった。

三年生は、「ＡＯ入試と推薦入試に落ちて自分に自信が持てなくなっている」、「地震が恐怖」、「理由はわからないけど何か毎日不安です」、「地震の記憶がうすれていく方がこわい」、「こんな自分で周りとどう接していいのかわからない」とあった。

さらに、二〇一二年六月に実施した第三回アンケートの自由記述欄を紹介したい。この年の高校一年生は、震災当時の中学二年生である。

一年生は、「ちゃんと高校の勉強についていけるか不安」、「最近、カモメやうみねこがたくさん飛んでいて地震が来そうで心配」、「これからも楽しく生きていきたい」、「震災の影響で帰る方向が真っ暗で怖い」、「水の音が怖いというか、聞くと具合が悪くなる」、「プールが気になる」、「無気力や無関心って病気ですか？」とあった。

二年生は、「通学道路について不安」、「修学旅行に行けるかどうか不安」、「進路について不安、頭がよくならない」、「震災のせいで家は消えましたが、正直それがどうだとかはあんまり気にしていません」、「元の家がボロかったので仮設扱いのアパート暮らしは、むしろ前より楽です」とあった。

三年生は、「進路のことを考えると、どうすればよいか分からなくなることがある」、「夜中に何度も目が覚めることがあって、朝疲れていることがあり、ちゃんと眠れない」とあった。

神戸とつながる

二〇一二年十月二十五日、日本の防災教育を学ぶ目的でスリランカの教職員が石巻西高を訪れた。まず最初に出た質問は、防災先進国と言われている日本で、なぜこれだけの人的被害が出たのかというものだった。スマトラ沖地震により発生した大津波で、多数の犠牲者を出したスリランカでは、「津波」という言葉すら存在していなかったことを考えてみても、それは率直な疑問だった。いくつかの質疑の後で、子どもたちの「こころのケア」はどうしたのかという話題になり、二〇一一年六月から実施してきたアンケートを紹介した。そのとき同行していたスーパーバイザーが教えてくれた。

「このアンケートの様式は、阪神淡路大震災後に我々が作成したものです」

二〇一一年六月に実施したアンケートは、各項目を点数化せずに学校全体の状況を把握するために簡略化したもので、生徒一人ひとりの状況を具体的に把握するのに充分とは言えなかった。そこで、この年の十一月からアンケートの様式を変更した。質問項目を点数化し、それまでのアンケートを旧版とし、それ以降を新版とした。点数化することで学年やクラス担任、さらに教科担任が、配慮すべき生徒について具体的に把握できるようになり、細心の注意を払って指導するようになった。とりわけ、新入生に対しては早期の対応が可能になり、こころの問題を未然に防ぐのに役立った。来校したスリランカの教職員は、スリランカに持ち帰って英語版に直して使いたいと語っていた。災害で子どもたちの尊いいのちを奪われた者同士として共感するものがたくさんあったからだ。

このときの来校をきっかけにスリランカとの交流がさらに深まるのだが、東日本大震災が日本だけの問題ではなく、地球レベルの災害について考えている教師がたくさんいるという実態を知ることができた。考えてみれば、スリランカだけでなく中国やネパールなど、世界各地での自然災害に対する当事者意識が足りなかった自分が恥ずかしくなった。地球温暖化の話題について、当事者意識を強く持つようになったのはこの頃からである。

	ない （0）	少しある 1－2日ある （1）	かなりある 3-5 日ある （2）	非常にある ほぼ毎日ある （3）
16. 自分が悪い（悪かった）と責めてしまうことがある	0	1	2	3
17. だれも信用できないと思うことがある	0	1	2	3
18. どんなに頑張っても意味がないと思うことがある	0	1	2	3
19. 楽しかったことが楽しいと思えないことがある	0	1	2	3
20. 自分の気持ちを，だれも分かってくれないと思うことがある	0	1	2	3
21. 頭やお腹が痛かったり，からだの調子が悪い	0	1	2	3
22. ご飯がおいしくないし食べたくないことがある	0	1	2	3
23. なにもやる気がしないことがある	0	1	2	3
24. 授業や学習に集中できないことがある	0	1	2	3
25. カッとなってけんかしたり，乱暴になってしまうことがある	0	1	2	3
26. 学校を遅刻したり休んだりすることがある	0	1	2	3
27. だれかに話を聞いてもらいたい	0	1	2	3
28. 学校では楽しいことがいっぱいある	0	1	2	3
29. 私には今，将来の夢や目標がある	0	1	2	3
30. ゲーム，携帯，インターネットなどはやりすぎないようにしている	0	1	2	3
31. 友達と遊んだり話したりすることが楽しい	0	1	2	3

「あのこと」(6,10,11,13,14,15）と聞かれて，あなたは何を思い浮かべましたか？

1．災害　[　　　　　　　　　　]　　3．いろいろ浮かんだ

2．他のこと[　　　　　　　　　　]（書ける人は書いてください）　　4．思い浮かばなかった

このアンケートに答えてみて気付いたことや，今の気持ちをかける人は書いてください。

心とからだの健康アンケート

平成２４年１１月実施

年　　組　　番

このアンケートは，心と身体の健康をふりかえるためのものです。睡眠，イライラ，勉強への集中など，自分の心と身体についてふりかえってみましょう。

この一週間（先週から今日まで）に， つぎのことがどれくらいありましたか？あてはまる数字に○をしてください。	ない （0）	少しある 1-2日ある （1）	かなりある 3−5日ある （2）	非常にある ほぼ毎日ある （3）
1. なかなか眠れないことがある	0	1	2	3
2. 何かをしようとしても，集中できないことがある	0	1	2	3
3. むしゃくしゃしたり，いらいらしたり，かっとしたりする	0	1	2	3
4. からだが緊張したり，感覚が敏感になっている	0	1	2	3
5. 小さな音やちょっとしたことで，どきっとする	0	1	2	3
6. あのこと（災害やほかの大変なこと）が頭から，離れないことがある	0	1	2	3
7. いやな夢や、こわい夢をみる	0	1	2	3
8. 夜中に目がさめて眠れないことがある	0	1	2	3
9. ちょっとしたきっかけで思い出したくないのに，思い出してしまう	0	1	2	3
10. あのことを思い出して，どきどきしたり，苦しくなったりする	0	1	2	3
11. あのことは現実のこと・本当のことと思えないことがある	0	1	2	3
12. 悲しいことがあったのに，どうして涙がでないのかなと思う	0	1	2	3
13. あのことは，できるだけ考えないようにしている	0	1	2	3
14. あのことを思い出せる場所や人や物には近付かないようにしている	0	1	2	3
15. あのことについては，話さないようにしている	0	1	2	3

「こころのケア」のアンケート（新様式）

◆平成２４年度１１月結果

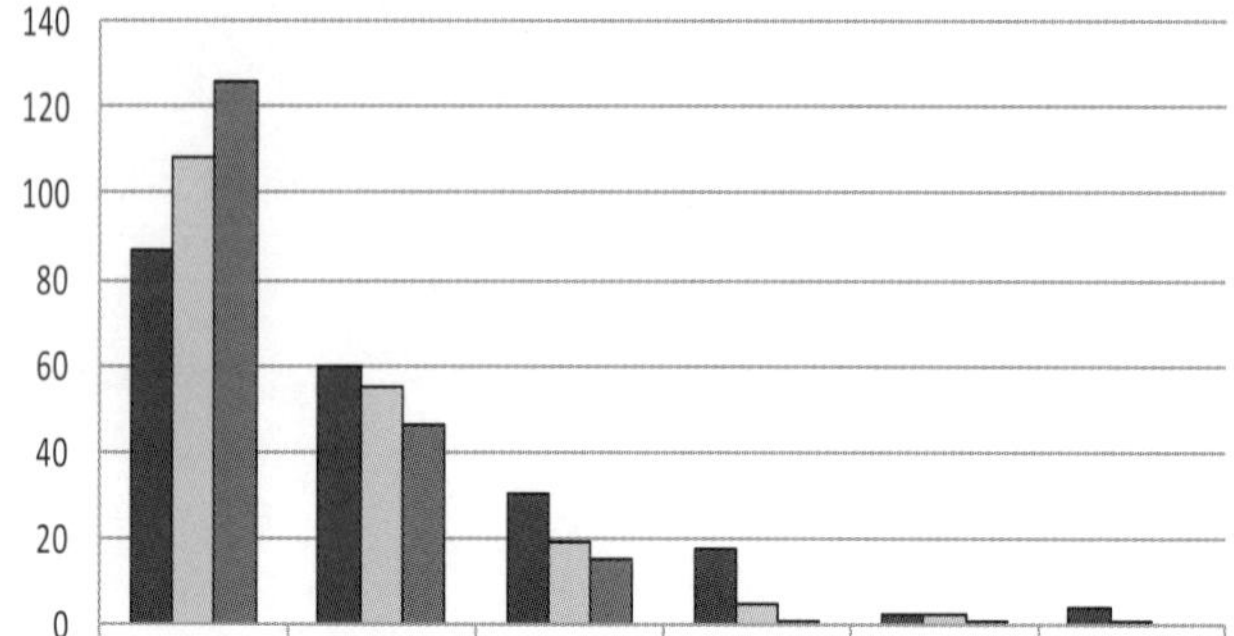

	0～10	11～20	21～30	31～40	41～50	51～60
■1年生	87	60	30	17	2	4
□2年生	108	55	19	5	2	1
■3年生	126	46	15	1	1	0

◆平成２５年度６月結果

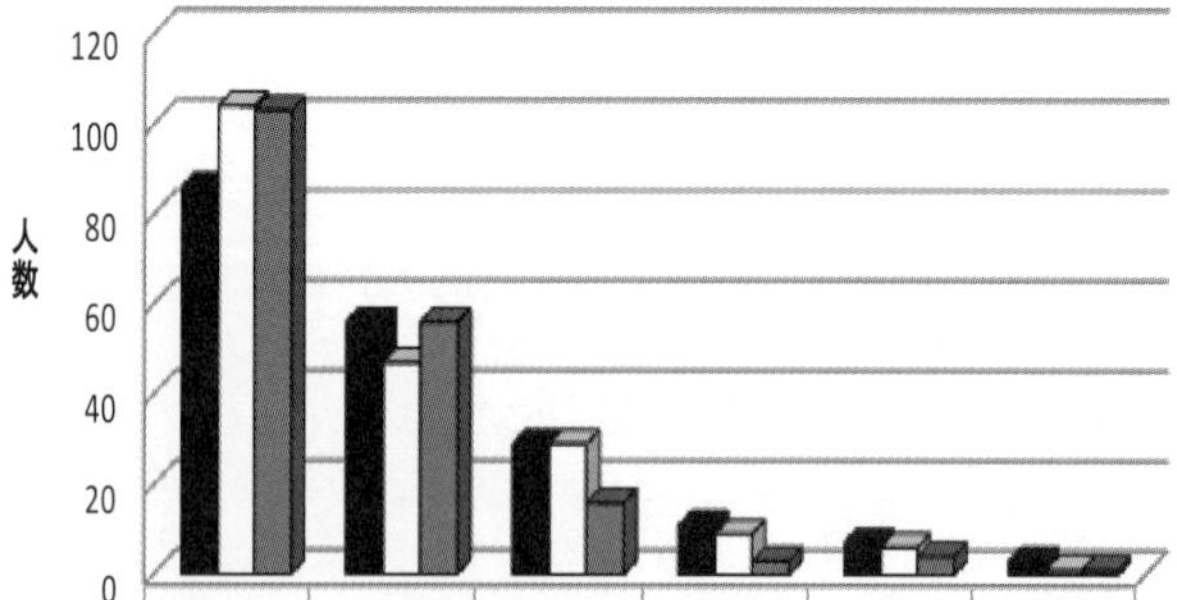

	0～10	11～20	21～30	31～40	41～50	51～60
■1学年	86	56	29	11	7	3
□2学年	104	47	29	9	6	1
■3学年	103	56	16	3	4	1

新様式のアンケートの集計結果

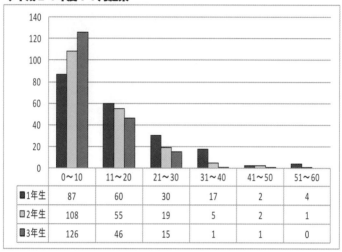

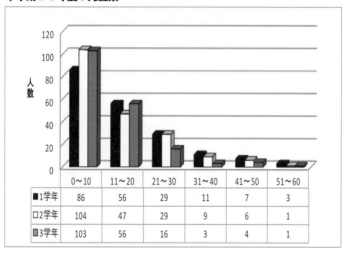

二〇一二年の十一月と二〇一三年の六月に実施したアンケートの様式と分析結果を見てもらいたい。

この様式は二〇一三年の十一月まで実施し、二〇一四年からは新入生のみ六月に一回だけ実施することにした。毎年入学してくる生徒の実態を把握するために、データに基づいた資料の大切さを痛感したからだ。この頃に思い出したのは、緊急支援カウンセラーの上原美穂先生が「こころとからだのアンケート」を提案してくれたときのことだ。彼女の先見の明にあらためて感服した。

新様式のアンケート項目は、点数化する回答になっている。点数は、〇点～三点までの四段階にわけて記入する。集計結果を〇点～六十点の六段階に設定して、中間の三十点を基準に生徒の「こころ」の状態や傾向を把握した。

合計が五十一点以上の場合は、専門家による指導が必要だと判断し、家庭の理解を得た上で専門機関と連携を図った。

新様式の項目一～二十六までが、マイナス傾向を見る質問内容である。項目二七～三一までがプラス傾向を見る内容になっている。被災状況に個人差があり、温度差があるのは当然のことだが、震災後の日常生活をより正確に具体的に把握することは、学校の教育活動を再開するために不可欠だった。

二〇一二年の十一月のグラフを見ると、二十一点〜三十点の欄に一年生三十名、二年生十九名、三年生十五名が該当しているが、学年が進行するにつれて減少した。三十一点〜四十点の欄に一年生十七名、二年生五名、三年生一名が該当しているが、ここに特徴が出ていることに着目した。基本的な判断として、三十一点以上は強いストレス反応があり、継続して観察することが必要であると考えた。

また、新しい様式の中に「あのこと」という質問項目を入れた。子どもたちの記憶や意識の中に、震災のことがどれだけ潜在化しているのかを把握しておきたかったからだ。「あのこと」と聞かれて、「災害」と回答したのが、全体の四十五％だったのも気になる数字だった。内訳は、東日本大震災(三十人)、地震(二人)、津波(六人)、家の全壊(一人)、阪神淡路大震災(一人)、昔のこと(一人)、友達関係(二人)、人間関係(一人)、忌引き(一人)、祖父の死(一人)、母の家出(一人)であった。

二〇一三年六月の結果と比較してみると、合計点が高得点である生徒は一年生が多く、低年齢で震災を経験するとその分だけ心身への影響が大きくなることがわかる。二、三年生は前年度と比べて差がでた。少しずつ現実を受け入れながら、自分なりに震災のつらい体験を乗り越えるようになったのだろうと考えた。

長年にわたって「こころのケア」のアンケートを実施したねらいは、子どもたちが前を向いて歩き出し、学校生活の目的や生きる意味を見つけ出すための指導に生かすことにあった。すべてに追いつめられていった状況で、教師が常に生徒に寄り添いながら、生徒同士が互いに認め合いながら、それぞれが「ひとつ上」の自分をめざして互いに高め合う人間関係づくりが、どれだけ大切であったかということをアンケートの結果からも推察できると思う。

対談　こころの力

二〇一七年の七月十六日に上京した。「こころのケア」の研究を続ける上で欠かせなかったのは、緊急派遣カウンセラーの上原美穂先生と臨床心理士の野島美穂先生との対談だった。赴任した当時の様子を振り返ってもらいながら、「こころのケア」のあり方について貴重な意見をいただくことができた。

齋藤　実際に被災地に来たときの印象や石巻西高に勤めてからの日々を振り返ってお話しください。

上原　あんなに大きな災害があったのを感じさせないような変な静けさというか、何か不思議な感じを受けました。

齋藤　石巻西高の周辺は、沿岸部のような建物の倒壊や家屋の流失はなかったので、見た目には普通に生活をしているように見えたんでしょうね。

上原　テレビに映っていたように陸地に船があったり、家が壊れたりしている光景がなくて被災地に来たという実感が湧かなかったんです。それで、学校が早く終わった日に女川町まで車で出かけたりしました。実際にカウンセリングが始まっても、生徒はそんなに来ませんでしたし、保健室の来室者も予想より少なかったんです。

齋藤　学校再開後の半年くらいは、欠席も少なく保健室に大勢の生徒が押しかけることはありませんでした。おそらく学校に来るのがうれしい気持ちと頑張らなくてはいけないという思いが強かったからだと思います。保健室の日誌を見ると、震災後の半年後から「頭が痛い」、「お腹が痛い」という身体症状を訴える生徒が増えていったんです。ですから、上原先生が勤務なさっていた五月から七月までは、頑張ろうという雰囲気が学校に満ちていた時期でもあったんです。

上原　確かに、生徒と話す機会はあまりなかったんですが、いろんなものを抱えているんだなという兆候を感じてはいました。

例えば、放課後に校内を歩いていると、教室の中でお腹を抱えている生徒を見かけたりしました。話している内容に耳を傾けると、地域の被災状況や自分の家の状況などを話していました。

お母さんとどうやって逃げたかなどの現実的な話もありました。また、職員室で先生方がテストの採点をしていたときに、やはり生徒の字が乱れているという話もしていました。表面に出ていないところに何かあるんだろうと気づき始めました。

齋藤　生徒が相談に来るのを待つのではなく、教室に行って生徒の声に耳を傾けたり、教員の会話を聞きながら「こころの問題」を考える必要性を感じていったんですね。それで「こころとからだのアンケート」を考えたんですね。

上原　すごく悩みました。全校生徒を対象にすると、先生たちに大きな負担をかけてしまうことにもなるので、最初に養護教諭の先生と保健委員会に相談をしてから齋藤先生に相談しました。

しかし、オリジナルの様式が四段階評価で得点化するものだったので、集計には相当な手間がかかると心配しました。そこで、「はい」「いいえ」の二つの選択肢にしたんです。その結果、学校全体の傾向を把握できました。

齋藤　集計した結果を見てさまざまな課題が表面化してきましたね。

上原　表情や言葉に出せないようなものを抱えているということがよくわかりました。そして、自分でうまく整理できる段階ではなく、大きな衝撃を受けてまだ信じられなくて呆然とする感覚が残っていると考えました。

齋藤　多くの生徒たちが、震災を現実のものとして受け止めきれなくて、あれは夢だったのではないかという感覚を持っていました。中には家が全壊したり流失したり、家族や友人を亡くしたり、遺体を見た体験から精神的に大きなショックを受けた生徒もいましたから。

でも、上原先生のおかげで「こころのケア」の問題に取り組むきっかけをもらいました。六年間も継続してアンケートを実施したことで、石巻西高だけでなく他の学校の「こころのケア」にも役立つような貴重な資料になりました。

九月からは臨床心理士の野島美穂先生にお世話になりました。野島先生に来ていただいた背景として、ＰＴＳＤや深刻な問題が起きたときの対応について、教職員が理解しておくべき必要性を感じていたからです。

野島　阪神淡路大震災のときにボランティアに行けなかったので、私の中には心残りがありました。それで、宮城県だったら東京からでも通える範囲かなと思っていたときに、東京臨床心理士会で募集が出ていたので手をあげました。

そして、石巻西高に来たときは、生徒も先生方も頑張っていて私を朗らかに迎えてくれました。話を聞くと大変なんですけど、前向きに生きようとする気力を感じました。よく、メディアが支援という言葉を使うと、可哀想な人たちを助ける感じを持っている人が多いんですが、大変な場面を乗り越えてきた自負のようなものさえ感じました。ですから、こちらが何かをしてあげるという感じではなかったんですよね。

しかし一方では、すごく我慢しているところもあると思いました。東京にいると、

「被災地にこころの支援に行ってるんだよね」

と言われるんですが、うまく答えられないところがありました。ですから、その地域で懸命に生きている人たちが、生きていく力を充分に出せるように、「こころ」を一緒に整えていくだけだと考えました。何かをしてあげるんじゃないのだとすごく思いました。

齋藤　カウンセリングと支援という言葉は、意味合いがかなり違いますからね。実際に、震災後の九月頃になると、学校も少しずつ落ち着いてきたんですが、身体的な異状を訴えてくる生徒たちが増えてきました。個人差はありますけど。授業中に非常サイレンの音を聞いて過呼吸になり、保健室で休む生徒もいました。この頃から野島先生のところに相談に行く生徒は増えていったんですか。

野島　そうですね。この頃から保健室に来る生徒の数が急に増えてきて、身体の異状を訴えてくるようになったと聞きました。話を聞いてもらいたがる生徒たちが多くなっていったんです。養護教諭の先生が、

「もう、手が足りないのよ」

と、私にカウンセリングをお願いする回数が多くなっていったのもこの時期からでした。同時に、先生たちとの相談回数も多くなりました。身体的な症状の話を聴いていくと、震災のことや

ら家庭のことを話し出すようになっていきましたね。

齋藤　「こころのケア」のアンケートの様式を変えて点数化したことにより、クラス担任が生徒の実態を具体的に把握できて家庭との連携を図るようになっていきました。野島先生には、アンケート結果を見ていただきましたが、生徒たちの変化について思うことがあれば教えてください。

野島　震災当時の年齢によっても受け止め方が変わると思います。何名かの生徒に震災をどうやって乗り越えたかを聞いてみると、仮設住宅で一生懸命ボランティアをやったりとか、子どもながらに主体的に何かをして乗り越えてきている生徒と、年齢が幼くて誰かに何かをしてもらうだけの生徒では、ずいぶん違うと話す先生もいました。やはり、年齢が下になればなるほど主体的に行動することが少ないです。なんとなく漠然とした不安やモヤモヤとした感覚があって、自分に自信を持てない生徒が多かったですね。確かに、自分で乗り越えたとか、自分なりに何かできることをしてきた場合は、将来は看護師やカウンセラーになりたいと話す生徒もいましたね。

齋藤　震災当時に高校生や中学生だった生徒たちは、自分で乗り越えなくてはいけないものが目の前にあったんですよ。だから主体的に関わって何かを行っていけたんです。

平成二十六年度以降の入学生は、震災当時小学生でした。当時の小学校五、六年生は、震災の状況をはっきり記憶しているようで、高校生になってから「語り部」の活動をする生徒も出てきました。しかも当時の小学六年生は、いわゆる普通の卒業式を経験していないんです。当たり前

のことが当たり前ではないと感じる生徒たちが多かったんです。入学生の中には、

「普通の高校生活を送りたい」

と、私に打ち明けてくる生徒もいました。

当時の小学四年生以下の子どもたちは、どちらかというと親にかまってもらう生活体験が少なかったと指摘されています。おそらく震災後の生活再建もあり、わが子にかまってあげる余裕がなかったのも、教員に甘える原因のひとつだろうと考えています。

野島　家庭の経済状況が、年々悪くなっていくのを先生方も肌で感じているんですけど、やっぱりご両親とかが、生活のストレスなどで手一杯になってしまい、子どもに関心を向けられないケースが本当に多いですね。

一方、子どもたちも親に頼ったりすることが、簡単にできにくい状況になっているんですね。逆に親のストレスを吸収する存在になっている子もいるし、子どもにすごく負荷のかかる状況が起きているなあと思っています。

齋藤　経済面だけでなく、離婚の問題や地域の雇用の問題も深刻になっています。子どもたちの生活の周りには、何とも言い難い閉塞感《へいそくかん》が漂っています。

野島　先生方について言えば、震災後はすべての面で過重負担になっています。これ以上のことを要求するのは厳しいと思います。大変な状況にある家庭が多すぎるので、教員だけで対応でき

る限界を超えていますし、もっと公的な支援が必要だと思います。

齋藤　教職員に対する「こころのケア」の視点が、私に欠けていたと反省しています。学校再開や生徒たちのことを優先するあまりに、教職員への配慮が充分でなかったのは事実です。いくら生徒に向き合うにしても、勤務時間でどうこうできる限界を超えていました。

野島　地域の経済格差がますます大きくなっていますが、特に被災地においては深刻になっていると思います。

上原　経済活動が活性化していけば、地域が復興していくだろうと単純に考えてしまいがちですが、現実はそんなに簡単な問題ではないのですね。

野島　学校の近くに仙石線の新しい駅が完成したときのことです。ある日、学校から帰るときに雪が降っていました。そのときタクシーの運転手が、

「この交差点まで津波が来てね」

と、大雪ではなく津波の話をするんです。目の前が雪景色なのに、震災当時の心象風景を語り出すんです。被災地に生きる方々は、本当につらく大変な思いをなさったんだなと改めて考えさせられたんです。それでも、

「なんか震災があったから野島さんとも会えたしね」

と、前向きに語ってくれたんです。もちろん震災などなかった方が良いのは当たり前のことで

すが、震災によって生まれた出会いもあるんだなあと複雑な気持ちになりながら聞いていました。

上原　石巻西高という学校現場に立ってみて、そこにいる人たちのために活動するということ自体が、とても難しいことだなと感じていました。今こうして振り返ってみると、自分に何ができるんだろうかと考え続けた三カ月でした。それがあって「こころのケア」のアンケートをやってみようと思ったのかもしれないですね。とにかく、何か具体的にカタチにできないかなと模索していたんです。よく「こころのケア」について新聞にも出ていましたが、何をすればいいかを考えるヒントをくれていたんですね。

齋藤　「こころのケア」の問題については、現場の教員が真正面から向き合うべき課題です。上原先生から「こころのケア」のアンケートを実施してはどうかと提案されたときは、長い時間をかけて丁寧に取り組んでいこうと決心しました。これからは、震災の記録やアンケートの分析結果をまとめながら、震災の教訓を語り継いでいくのが、私に課せられた役割だと思っています。今日は本当にありがとうございました。

第Ⅱ部　教育の力とは何か

第五章　石巻西高2012

二〇一〇年四月に教頭として赴任してから二年が経過し、二〇一二年四月から校長の職を受け継ぐことになった。震災から一年以上経っても、先の見えない不安と山積する業務に追われ、学校運営の方向性は定まらなかった。宮城県教育委員会は、「志教育」を推進するために「かかわる」、「もとめる」、「はたす」の三つの理念を掲げた。石巻西高としては、さらに「つなぐ」の理念を加えて学校運営をしようと考えた。

四月二日、着任式で校長としてはじめての挨拶をした。あらためて自分の教育観をまとめてから配布し、少しあらたまった口調で読み上げた。

寄り添う心

縁があって西高の校長として働くことになりました。先生方にとってやりづらい点もあると思いますが、私にとってはこれ以上の職場はないと身に余る光栄だと思っています。

思い起こせば、昨年度は三月十一日の震災以降、すべてにおいて無我夢中で突っ走ってきた一年間でした。

はじめに、平成二十四年度の学校運営をスタートするにあたって、「のりしろ」の力について話します。現在の学校業務は、ひとつの校務分掌だけでは対応しきれない課題がたくさんあります。

例えば、防災教育、苦情対応、国際理解などです。「こころのケア」の問題もそうです。さらには、礼儀や挨拶の指導、食生活などの健康指導、そして携帯電話のマナーまで指導しなければならない現実に直面しています。しかも、迅速かつ組織的に対応しないと教育機能は停滞します。ですから、深い生徒理解と個に応じた適切な指導のために「寄り添う心」が不可欠になります。

今年度は、校長も教頭も新任なので、ともに「半人前」です。その「半人前」の力を足すと「一人前」になります。教育活動が停滞し、教師の得意分野が充分に発揮できない学校は、「のりしろ」の力が弱いからです。先生方は、教科指導や部活動指導では確かに専門家ですが、それがすべての教育活動に対応できるわけではありません。先生方にも苦手分野が必ずあるはずです。皮肉なもので、専門性が高くなればなるほど教員集団は、一枚岩でなくなる傾向が強くなります。専門性が高くなるにつれて人間力としての「足し算」ができなくなるからです。専門性が必要とされる学校社会においては、お互いが持っている得意分野を尊重し合う気持ちを決して忘れないことです。

「自分は教師としてまだまだ半人前なのだ」

という意識を持ち続けることです。その足りない部分を補い合う姿勢が「のりしろ」の力です。

次に、今年度はまず学校を落ち着かせることを最優先します。教育活動に対してそれぞれの考え方があるとは思いますが、基本的な方針としては、各部や学年のまとまった意見を優先し、そうでない場合は平成二十三年度を踏襲《とうしゅう》します。学校運営においてあってはならないのは、毎年のように方針が変わることです。職場が混乱するだけでなく、生徒や保護者からの信頼を失う要因にもなります。

教育活動全体を通して、平成二十三年度よりも「ひとつ上」をめざす姿勢を大事にしてください。学習面でも「ひとつ上」を心がけ、進路面でも「ひとつ上」の結果を残せるように一歩ずつ進んで行こうと考えています。部活動についても同様です。これまでの教育活動を見直し、業務の精選を図りながら組織的に運営すれば、結果的に一歩前進できるはずだと考えます。

私は、「校長も一教師である」という教育観を持っています。そして、

「実践なくして教育を語ることなかれ」

が、私の教育モットーです。ですから、一人の教師として学習指導や進路指導や部活動指導の支援をしていきます。具体的には、関係する先生と相談しながら、学校運営の留意事項として提示します。

最後に、被災地の復旧・復興はもちろんのこと、これからの石巻西高が進むべき方向性を定めたいと考えています。数年後には、学校周辺の風景も大きく様変わりします。地域の人達が石巻西高に求めるものも変わってきます。その変化や要望に対して、的確に対応できるようにしていきたいと考えています。西高生は先生を信じて最後までついてきます。その教育活動を下支えしているのは、先生

方の使命感と情熱です。

「生徒を育てるのは生徒である。教師を育てるのも生徒である。学校をつくるのは生徒である」

これが、私の教育観です。この理念のもとで生徒たちに人としての生き方を伝えていくつもりです。教師生命をかけて学校運営に取り組む覚悟はできていますので、ぜひとも先生方のご理解とご協力をお願いし、着任の挨拶とします。


四月九日、入学式。二百名の生徒が入学してきた。入学生だけでなく保護者の緊張感まで伝わってきた。

「震災当時、中学二年生だったこの生徒たちは、どんな気持ちで最後の年を過ごしてきたのだろうか」

そして、学校への期待を決して裏切ってはなるまいと強く言い聞かせてから式辞を読み上げた。

以下は、その一部である。

これから激動の時代を生き抜き、日本の新しい歴史を築いていくみなさんに、かけがえのないものや大切なことを伝えておきます。それは「時間《とき》」と「生命《いのち》」と「役割」です。ここにいるみなさんは、今日まで同じ時間を共有してきました。「時間《とき》」の大切さをこれほど身にしみて感じたことはなかったと思います。

そして、永遠に続くと思いがちな「時間《とき》」の流れの中で、ほんのささやかな「生命《いのち》」の営みが、どれだけかけがえのないものであるか気づいたはずです。たった一歩を踏み出すのにも、大きな勇気とたくさんの支えが必要であるということを実感したでしょうし、あたり前であることの難しさも体験しただろうと思います。

例えば、中体連が本当に開催されるのだろうか、用具も充分なくて体育祭がうまく運営できるのだろうか、授業時間も充分でないのに高校受験は大丈夫だろうか、家族の生活はどうなっていくのだろうかといった不安は、十五歳のみなさんが背負うにはあまりにも重すぎたと思います。

一方では、たくさんの人達と出会い、支えてもらい、寄り添ってもらいながら中学校三年間の「時《と》間《き》」を過ごすことができたと実感しているのではないでしょうか。今度は我々がみなさんに寄り添う「役割」を担っています。こうして人間の社会はつながっていきます。ですから、人間は決して一人ではないのです。

これからの三年間の高校生活を通して、みなさんも自分の「役割」を見つけてください。自分の中に歴史を見い出し、志を高く持ち、「ひとつ上」の目標を立てて取り組んでいけば、日々の生活にも必ず「意味」を見つけることができるはずです。

防災カレンダーをつくる

新しい年度をスタートするにあたり、生徒や保護者の日常生活を考慮して学校からの情報発信を大切にした。避難所運営の教訓からも、第一に「安心と安全」、第二に「正確な情報発信」が頭に浮かんだ。そして、学校としてすぐに取り組めるもの、しかも日常的に目にするものとして「防災カレンダー」をつくることにした。

内容としては、避難所運営の記録、災害への備え、過去の災害の記録、学校の行事予定、緊

防災カレンダー

急時メール配信システムの登録方法などを中心に編集した。これまで学校からの情報は、学年行事の連絡、クラス便り、保健室だよりなどが主だったことをふまえて、「防災カレンダー」を毎日のように目にする生活必需品として位置づけた。

この「防災カレンダー」は、学校が意図していた以上に評判がよく、たくさんの保護者や学校関係者からよろこんでもらえた。これまで学校からの連絡が保護者の手元に届かないこともあり、このカレンダーを茶の間や台所に掛けておくことで、学校の様子がすぐにイメージできると評価してもらえた。

実は、「防災カレンダー」には、もうひとつのねらいがあった。それは、家族が会話をする機会を少しでも増やしてほしいという期待もこめたことである。震災直後は、家庭環境の激変で親子の対話も少なくなっていたので、話し声のある家庭や笑い声があふれる家庭を実感してほしいと願っていた。

学校の様子を家庭に届けるために考案した「防災カレンダー」は、最近では県外の学校においてもその地域の特色に応じたものがつくられるようになった。子どもから高齢者まで参加できる取り組みとして、今後の活動を通して全国に普及させようと考えている。

「伝える」意味を考える

五月十一日、山口県校長会の研究協議会で、校長としてはじめて講演を行った。講演を依頼されてから、山口県に行くことになった「意味」を考えた。震災後の膨大な校務に追われ、気持ちの準備も整わないまま校長になった私にとって、正直なところ山口県の校長会の期待に応えることができるのかどうか、何よりも体調を崩して無事に責務を果たすことができるかどうかと不安ばかりが先行していた。このときは、私の健康を心配して妻も同行した。

講演前日に、山口県立宇部高校の時光校長の案内で萩市に向かった。そこには、私が敬愛してやまない吉田松陰の松下村塾があるからだ。震災がなければ、この地を訪れることがあったのだろうかと思いながら、歴史の激動期を生き抜いた長州藩の志士たちに思いをはせた。

「至誠にして動かざる者は、未だ之れ有らざるなり」

私はこの言葉が好きだ。自分のこころが定まらないときにいつも思い出す。そして、自分の気持ちに正直でありたいと言い聞かせている。松下村塾を見学しながら、やっとこの地を訪れることができた感慨にふけった。

講演会の当日は、「忘れないこと・伝えること・育てること」を演題に話すことにした。

「忘れないこと」で、受けた恩を忘れないでいること、日本人としての誇りを忘れない生き方をしたいという気持ちを込めた。

「伝えること」で、震災の教訓を語り継ぐことによって、生かされて生きる自分の使命と役割をまっとうしたいと話した。

「育てること」で、「志」を持って世界平和に貢献できる人材を育てるための「いのちの教育」のあり方について訴えた。

はじめに、被災地全体の被害状況を報告した。とりわけ、東日本大震災後のライフラインの復旧状況、交通渋滞、地盤沈下と冠水被害、ガソリン不足、がれき撤去、仮設住宅、人口流出、水産業被害、除塩作業と稲作などの問題を具体的な例をあげて報告した。災害医療については、石巻赤十字病院とＤＭＡＴ（災害派遣医療チーム）、多くの犠牲者を出した雄勝病院、移転を余儀なくされた石巻市立病院、高台にありながら甚大な被害を受けた女川町立病院、後方支援の拠点となった東北大学病院など、医療関係の連携がなければ、もっと多くの犠牲者を出しただろうと話した。

そして、支援関係については、「顔の見える関係」の重要性を訴えた。「公助」としての行政、自衛隊、消防レスキュー隊、警察などの災害対策本部を中心とした組織的な活動にふれながら、「石巻モデル」と言われた災害ボランティアの活動について紹介した。

石巻西高に関する内容としては、教職員だけで乗り切った四十四日間の避難所運営を中心に、学校に寄せられたさまざまな支援の紹介とお礼、犠牲になった生徒の弔問と喪の儀式、学校再開に向けた取り組み、「こころのケア」のアンケートなどを報告した。特に、「こころのケア」の問題には、かなりの神経を使ったこと、養護教諭とカウンセラー、臨床心理士などの専門家との連携の必要性を伝えた。

講演全体としては、甚大な自然災害が発生したときに学校がどういう状況に追い込まれるのかを話しながら、地球温暖化の影響による災害大国日本の防災・減災教育の見直しが、待ったなしの状況であることを訴えた。

講演が終了してから安堵感にひたりながら、妻と二人で山口市内の街歩きをした。ふと足下に目をやると、路面には種田山頭火の俳句がはめ込まれていた。それから、維新の志士たちが夢を語り合った松田屋に立ち寄り、私が好きな詩人の中原中也記念館まで足をのばした。閑静な街並みを散策しながら、詩を鑑賞するような生活と縁遠くなっている自分に気がついた。

スリランカとつながる

九月六日、スリランカの高校生との交流が行われた。この年の三月二十九日に「震災モニュメント」の除幕式を行った際に、スリランカの子どもたちとの交流を約束していたからだ。今回の交流会を通してスリランカと石巻西高との結びつきが強くなった。この日に向けて各クラスの国際理解委員が中心となり、事前にスリランカの歴史や文化や経済などについての調べ学習を行った。交流会では、歓迎行事として吹奏楽部の演奏、空手の演武と剣道の稽古の様子を紹介した。スリランカの高校生は祖国の伝統的踊りを披露してくれた。

その後、生徒会の役員と一緒に、スリランカ風カレーと日本風カレーの食べ比べや花火大会などを通して交流を深めた。スリランカの高校生との交流は、自分たちの役割や人とのかかわり方について学ぶきっかけとなった。

職員からは、異文化交流の機会が生徒たちの視野を広げ、さまざまなことを考える基礎となっていくこと、大人になると異文化の壁が現実となり積極的に交流することが困難になること、このような機会を与えると自ら前向きに取り組む姿勢が

スリランカとの防災交流

育つこと、高校時代にさまざまな国の同世代の人たちと交流をもつことは、貴重な経験になるなどの意見が出された。

この交流行事の途中で、スリランカの若者が歌う曲を聴き、自分の卒業式のことを思い出して過呼吸症状になり、保健室で休養する生徒がいた。

生徒の「こころ」を知る

十月十七日、文芸専門部総合文化祭が仙台文学館で開催された。私は、四月から宮城県の文芸専門部の会長を引き受けていた。国語の教師として教壇に立ったが、教師としての初心に返る機会をもらったと考えていた。

そして、文芸作品コンクールの詩部門で石巻西高三年生の片平侑佳さんの詩が最優秀賞の栄誉に輝いた。この部門の最優秀賞は、近年は該当者がいなかったこともあり、彼女の作品は多くの人のこころに深く響いた。

潮の匂いは。

片平侑佳

潮の匂いは世界の終わりを連れてきた。僕の故郷はあの日波にさらわれて、今はもうかつての面影をなくしてしまった。引き波とともに僕の中の思い出も、沖のはるか彼方まで持っていかれてしまったようで、もう朧気にすら故郷の様相を思い出すことはできない。

潮の匂いは友の死を連れてきた。冬の海に身を削がれながら、君は最後に何を思ったのだろう。笑顔の遺影の口元からのぞく八重歯に、夏の日の青い空の下でくだらない話をして笑いあったことを思い出して、どうしようもなく泣きたくなる。もう一度だけ、君に会いたい。くだらない話をして、もう一度だけ笑いあって、サヨナラを、言いたい。

潮の匂いは少し大人の僕を連れてきた。諦めること、我慢すること、全部まとめて飲み込んで、笑う。ひきつった笑顔と、疲れて丸まった背中。諦めた。我慢した。〝頑張れ〟に応えようとして、丸まった背中にそんな気力がないことに気付く。どうしたらいいのかが、わからなかった。

潮の匂いは一人の世界を連れてきた。無責任な言葉、見えない恐怖。否定される僕たちの世界、生きることを否定されているのと、同じかもしれない。誰も助けてはくれないんだと思った。自分のことしか見えない誰かは、響きだけあたたかい言葉で僕たちの心を深く抉る。〝絆〟と言いながら、見えない恐怖を僕たちだけで処理するように、遠まわしに言う。

〝未来〟は僕たちには程遠く、〝頑張れ〟は何よりも重い。お前は誰とも繋ってなどいない、一人で勝手に生きろと、何処かの誰かが遠まわしに言っている。一人で生きる世界は、あの日の海よりもきっと、ずっと冷たい。

潮の匂いは始まりだった。
潮の匂いは終わりになった。

潮の匂いは生だった。
潮の匂いは死になった。

潮の匂いは幼いあの日だった。
潮の匂いは少し大人の今になった。

潮の匂いは優しい世界だった。
潮の匂いは孤独な世界になった。

潮の匂いは。――――

震災後の野蒜海岸

詩の中の「〝頑張れ〟は何よりも重い。」の一節は、我々に大切なメッセージを投げかけた。震災後のさまざまな支援に対して、感謝の気持ちを忘れずに頑張るように指導してきたことを考えると、「これ以上、何を頑張ればいいのか」という叫びを聞いて、生徒の「こころ」を深く理解していなかった自分を恥じた。

この詩を目にし、本人が朗読する声を聞きながら、震災がどれだけ多くの子どもたちに深く悲しい傷跡を残したのかを痛感し、「こころ」の復興に取り組む決意を新たにした。「頑張れは重い」という気持ちをストレートに表現できずにいる生徒は、我々が思っている以上に多かったのである。

数年後に、この詩を語り継ごうとする生徒が入学してきた。彼女は、入学後に放送部に入部し、放送部の顧問を通じてこの詩とめぐり逢った。そして、先輩の思いをつなぎたいと決心した。彼女は、人の役に立てるよろこびを感じていた。そのときの彼女の思いを紹介したい。

私が震災に遭ったのは、小学校六年の卒業式の一週間前でした。その当時、何かの役に立ちたいと思い、小学校が避難所となっていたので、何か手伝えることがあるかもしれないと行ってみました。しかし、手伝えることはあまりなく、電気や水が復旧してくると、本当に何かをやる機会が無くなりました。今思うと、周りが今まで通りになったから、私が特別動かなくてもいいのではという思いも

あったのだと思います。

　そして、石巻西高に入学して「潮の匂いは。」と巡りあいました。この詩を初めて読んだときは鳥肌が立ちました。私が何かの役に立ちたいと思って何も出来ずにいた頃、片平先輩は「潮の匂いは。」に乗せて動き出していたのだと思いました。そんな私を片平先輩の思いを声にすることができるのだろうかと思いました。しかし私には、片平先輩の思いに近づけてくれたのは、震災で亡くなった子どもたちの絵本でした。先輩の思いがわからなくなるたびに、その絵本を通して分かち合えるようにしていきました。片平先輩の詩は、津波の被害に遭っていない私でさえ、そのときを想像させられ泣いてしまい、頭の中に先輩の描いた世界が飛び越して来ました。辛く悲しい思いとともに、震災前がどれほど幸せな日々だったのかわかります。私は詠み手として未熟ですが、先輩の思いができるだけ多くの人に伝わるように、「潮の匂いは。」という詩が、こころに残るように詠みました。自分自身の力でこの詩を詠み続けられるような生き方をしたいと思います。

語り継ぐ「場」をつくる

　十二月十五日、長野県御代田町から震災を語り継ぐ交流会に招待された。一月二十九日に行った講演会が縁で六名の生徒が招待された。地域の人たちとの交流会のとき、震災当時の様子や自分の生活の変化を語りながら急に泣き出す生徒がいた。被災体験をどこまで語らせていいのか、

時期が早いのではないかと懸念していたこともあり、交流会が終わってから本人と話す時間をつくった。彼女は、

「学校や地域では震災の体験を語れないけれども、他の地域だと伝えなければならない気持ちになる」

と語ってくれた。明確な目的を持って集まってくる人の前では、むしろ語りたい、語らなければならない意識が強くなるのだと気づいた。震災後の生活の中で封じ込めていた感情を言葉にすることは、子どもたちにとって必要なことなのだと痛感した。学校では話せないのかと聞くと、

「一人ひとりが被害の程度も違うし、聞いたら悪い気もするし、話してもわかってもらえない。話すと自分の心の奥を見られるような気がするので、なるべく震災のことに触れないで生活している」

と答えてくれた。そして、今回の交流会に参加した理由をたずねてみた。すると、震災前から家族ぐるみで親交のあった同級生が転校してしまい、その行き先の高校がわからないのだという。その同級生に何度も励まされて中学生活を過ごした彼女にとって、つらく悲しい出来事であったに違いない。私が長野県御代田町での交流会に参加するという話を聞いて、いてもたってもいられない気持ちになって参加したのだという。なぜなら、その親友の父親が長野県出身だからだと語ってくれた。この日までの彼女は、どんな思いで生活してきたのだろうか。今度は自分

が同級生を励ましてあげたいと語る彼女の健気な姿を見て胸が痛んだ。すでに震災から一年と九カ月が経過していた。

そう言えば、二〇一一年の九月頃、英語の授業中に一人の生徒が、

「目の前を流れていく人を見たんだ」

と語り始めたところ、他の生徒も自分の体験を語り始めたという報告を担当教員から受けた。その教員は、生徒の言葉を遮《さえぎ》らずにそのまま語らせ続けた。やはり、「こころの復興」には、長い時間と語り継ぐ「場」が必要なのだと改めて思った。

シンサイミライ学校２０１２

十二月二十七日、ＮＨＫの「シンサイミライ学校」収録のために、兵庫県立舞子高校と東京都立大泉桜高校の生徒たちが石巻西高を訪れ、一緒に防災研修やワークショップなどを行った。阪神淡路大震災や東日本大震災の教訓から、一人でも多くの人のいのちを救える未来を築きたいと「シンサイミライ学校」というタイトルがついた。さまざまな自然災害の防災・減災のプロフェッショナルが先生となり、全国各地の学校での実践内容をまとめて放送している番組である。

今回のタイトルは、「シンサイミライ学校〜いのちを守る特別授業・神戸から東日本そして未来へ」だった。この企画は二〇一二年の一月九日にテレビ放映されたが、十七日にはＮＨＫの

「あさイチ」という番組でも一部放映された。

兵庫県立舞子高校は、一九九五年一月十七日の早朝に発生した阪神淡路大震災後の二〇〇二年に環境防災科が新設され、全国で唯一の防災学科を設置した高校である。この日は、環境防災科主任の諏訪清二先生の講話やワークショップを通して、生徒たちは防災の実践力を身につけた。諏訪先生のモットーは、「サバイバーからサポーターへ」で、災害から自らのいのちを守り抜く「自助」の力、そして周りの人と支え合う「共助」の力を伝えることだ。

舞子高校は、東日本大震災後から何度も被災地に入ってボランティア活動を続けてきた。

そして今、防災教育の充実に力を入れているのが東京都である。首都直下型地震や都市火災、地球温暖化の影響による自然災害の危機が叫ばれるなか、東京都教育委員会は「防災教育推進委員会」を設置し、学校ごとに防災教育に取り組むように義務づけた。今回は、都立大泉桜高校が参加した。高校生が自然災害と向き合い、自分たちに何ができるのかを考える取り組みは、首都東京を守るかけがえのない原動力になると思いながら見守った。

「シンサイミライ学校」に参加したことを通して、風化が進行していることを実感した生徒もいた。確かに、復興と風化は同時に進むものだ。風化を食い止めるために、自分たち高校生が率先してやるべきことは、「伝える」ことではないかと話し合った。神戸・東京・東北のつながりを絶やしてはならない。

諏訪市の子どもたちがやってきた

二〇一三年三月二十二日～二十四日、「虹のかけ橋プロジェクト」を開催した。一年前の学校防災講演会を受けて諏訪市が動いた。諏訪市教育委員会、諏訪市校長会が主催となり、富士市立富士南中学校が指導する立場で、石巻西高を会場に防災研修会を実施した。富士南中は、生徒が生徒を指導する防災体験学習を積み重ねてきた伝統があるので、この交流を生徒同士の学び合い、教え合いの機会にした。

二十二日の午後は、東松島市立鳴瀬第二中学校を訪れ、被災した校舎を見学した。二〇一一年三月十一日は、鳴瀬二中も卒業式が終わり、生徒たちは下校していたが、学校に残っている生徒たちもいた。地震が発生したとき卒業生は、学校近くの「箇保の宿松島」で卒業を祝う会があるためそこに移動していた。壊滅的な被害を受けた校舎を見学しながら、一人の生徒が窓に書かれてある「ＳＯＳ」を発見した。この記号に「助けて」の意味があるのは、中学生ならば誰でも知っている。しかし、鳴瀬二中の教員は、子どもたちに津波の恐ろしい光景を見せないようにするために書いて貼ったのである。このことを聞いた子どもたちは、生徒を守ろうとする教師の深い愛情を感じたはずである。

二十三日の午前中は、火災で校舎が焼けてしまった石巻市立門脇小学校を見学してから女川町

雄勝病院を訪れる子どもたち

に向かった。そして女川町立病院の駐車場に立ち、眼下に横倒しになっているビルを目のあたりにして津波の高さと破壊力のすさまじさを実感した。

その後は、海岸線沿いにバスを走らせた。果てしなく広がる太平洋の大海原を見ながら、諏訪市と富士市の子どもたちは何を思ったのだろうか。自然の驚異と美しさが、背中合わせの景色を目に焼きつけながら雄勝町に着いた。津波で多くの入院患者と使命感にあふれた医師や看護師が亡くなった雄勝病院の前にたたずみ、玄関前につくられた焼香台の前で手を合わせた。

病院の近くには、飯野川高校時代に指導した卓球部員の自宅があった。その当時は、大川小学校のある釜谷地区から雄勝町に抜ける隧道（トンネル）もなかったので、部活動が終わってから毎日のように選手を乗せて自宅まで送ったことを思い出した。雄勝町は、国内の九〇％を超える硯《すずり》の代表的な産地であり、六百年以上の歴史と伝統があり、雄勝石の天然スレートは東京駅丸の内駅舎に使われていることで有名である。子どもたちは、いつも目にする硯の産地を訪れたことで、自分たちの生活と被災地がつながっていることを実感したようだ。

雄勝町を後にしてトンネルを抜けると、新北上大橋のある釜谷地区に出た。はじめに、新北上川の河口にある長面浦を訪れて地盤沈下した地域を見学した。諏訪市の子どもたちにとっての天竜川、富士市の子どもたちにとっての富士川は、それぞれが暮らす地域は違っても、川の恩恵と水の脅威を肌で感じているようにも見えた。

大川小学校に着くまでのバスの中は、にぎやかな雰囲気で言葉を交わしていたが、バスの扉が開いたとたんに声が聞こえなくなった。子どもにしか感じ取れないものがあるので、多くを説明する必要はなかった。この場所に立ったときは、自分の目で見て、自分なりの感性で受け止めるしかない。私がこの場所を訪れるときは、一階にある「あすなろ学級」に向かって必ず語りかける。

「美智代先生、また来たよ。子どもたちをつないでいるよ」

今の私にできることは、この場所に一人でも多くの人たちを連れてきて、「いのちの意味」について考えてもらうことである。私には、この場所に立って多くを語る資格はない。子ども同士が何かを感じてくれれば、それでいいのだと思う。退職後も震災の教訓を語り継ぐ活動をしているが、この場所に立つと別の感情もわいてくる。

「大川小学校は、まだ教訓にはなっていない」

震災前に、美智代先生が受け持っていた「あすなろ学級」で語り合ったひとときは、思い出ではあるが教訓ではない。教訓という言葉が使われるには、まだまだ時間がかかる。この場所では、どうしても第三者の気持ちにはなれない。飯野川高校時代に何度も訪れた釜谷から長面までの町並みは、私の記憶に今も消えずに残っているからだ。

私は、少し早めにバスに乗り込んだ。バスの車窓から大川小学校のグラウンドの跡地を歩く子どもたちの姿を見ていたら、

「二度とこんなことがあってはならない」

という感情が激しくこみ上げてきた。

午後に石巻西高に戻り、視聴覚室で地元の中学生との交流会を開いた。それぞれの学校は、高い意識で防災活動に取り組んでいるので、意義深い交流会になった。交流会のメインに位置づけていたのが、富士南中の生徒による体験型防災の指導であった。引率教員には黙って見守ってほしいと伝えておいたが、やはり心配は無用だった。生徒が生徒を指導しながら、教え合い学び合う姿は感動的である。この光景を見た教員たちは、今の学校の教育活動の中で、生徒同士が高め

合う機会がいかに少ないかを実感したはずだ。教える生徒は、教えられる生徒の気持ちがわかって伝えている。教えられる生徒は、わからなかったら恥ずかしがらずに聞き返す。こんな普通のやりとりが、子どもたちの眼を輝かせるのである。

それでも、私が一番驚いたのは、指導する生徒はさることながら、指導される生徒たちの聴く態度だった。学ぼうとする意欲の高さは、決してテクニックだけではない。同じ年齢の生徒が、教える側に立ったときの責任感がヒシヒシと伝わってくる。自分が必要とされていると感じたときの子どもの力は、我々大人が考える以上である。やはり、子ども同士が共有する「場」を通して、共感し合うことが「生きる力」を育むのである。

例えば、心肺蘇生法を行う子どもたちの表情は、真剣そのものだった。やはり、大川小学校を訪れたことで「いのちの意味」を自分なりに受けとめた思いが、そうさせているようにも見えた。

次の写真は、簡易担架づくりである。洗濯物を干すポールや数メートルの竹を準備しておくだけで間に合う。各学校には、担架が設置されているが、多くの子どもたちは、その場所を知らない場合が多い。教員もそうである。二本のポールや竹とフロアシートや毛布などを使っても作れるが、手頃なのは生徒が着ている運動着である。二人の生徒が運動着を着て竹（ポール）の両端を持ったまま運動着をまくり上げると簡単にできあがる。大体は、三着程度あれば間に合う。むしろ、注意するべきことは、身長の高い方の生徒の側を負傷者の頭部にするという配慮だ。富士南中の生

防災体験学習～簡易担架づくり～

徒たちは、見事に自分たちの役割を果たした。見ている生徒たちは、今回は自分が実践する立場になることをしっかりと自覚してくれた。子どもが成長するのは早いが、その瞬間に立ち会うためには、子ども同士をつなぐ「場」が不可欠である。

二十四日は、石巻市の日和山公園に向かった。石ノ森漫画館を見学する楽しみもあるが、震災後にリフレッシュツアーで諏訪市を訪れた人たちとの再会と交流があるからだ。石巻市の川開きと諏訪湖の花火大会が縁となり両市をつないでいた。

今回のプロジェクトを通して、子どもたちが得たものは大きい。

「いろいろなところを見学して津波や地震の恐ろしさがわかった」、「もっときれいになっていると思って行ったけれど想像と全然違っていた」、「家族を亡くした悲しみを乗り越えて前を向いて頑張ろうとしている人に出会った。すごいことだ」、「みんなに伝えていきたい。自分たちで何ができるか考えたい」、「今、自分が生きていることの幸せを感じた」などの感想を残してくれた。

後に、このプロジェクトに参加した何名かの生徒は、自分たちの力だけで諏訪市中高生フォーラムを立ち上げるまでに成長していった。

第六章　石巻西高2013

校長になって二年目は、年度はじめから生徒たちの前向きなエネルギーを感じた。こんなパワーが一体どこからわいてくるのだろうかと考えながら、毎日の学校生活を楽しく過ごそうとする生徒たちの姿に励まされた。結局、生徒たちの「こころの力」の深いところまで納得できたのは、翌年の二月になってからだった。

はじめに、二〇一四年二月の出来事を紹介しておきたい。

「PTG」の力を知る

二〇一四年二月、石巻日日新聞の武内宏之さんが来校した。武内さんには、学校評議員として石巻地域だけでなく国内外の情報を提供してもらっていた。

その日は、「日本イスラエイド・サポート・プログラム」（略称JISP）のことを紹介してくれた。この団体は、天災や人災によって大きな被害を受けた被災者の「こころのケア」の専門チームである。その前身となるのは、イスラエルの国際的復興支援団体の「NGO（イスラエイド）」

だと教えられた。このチームは、東日本大震災の数日後から被災地に入り、「こころのケア」の活動を行ってきたという。

そして、武内さんの口から「PTG（Post Traumatic Growth）」の言葉が出たときには、思わずハッとした。人間には、トラウマになるような絶望的な体験をした後でも成長する力があるという。大きな災害や過酷な事件や死別、虐待などを体験したときに生じるPTSD（心的外傷後ストレス障害）について知ってはいたが、「PTG」（トラウマからの成長）について、具体的に聞いたのは初めてだった。「PTG」とは、人間が本来持っている悲しみを乗り越える力のことである。

確かに、震災体験による苦しみや悲しさを乗り越えようとする生徒たちの元気な姿を見ることが多くなっていた。そして、「地域のために働きたい」、「人の役に立つ仕事に就きたい」、「支援に対する恩返しをしたい」という声を聞く機会も増えた。

例えば、学校行事でも「とにかく楽しく盛り上がるものにしたい」、「自分たちの手でやれることは、自分たちでやりたい」と考えて行動する生徒が多くなった。生徒たちの「こころ」の成長が、目に見えて伝わってくるようにも感じた。石巻西高の生徒たちは、もともとリーダーシップを発揮するタイプではないが、一日を大切に生きようとする姿が、学校の空気を大きく変えていったことは間違いなかった。

部活動においても同じような姿がたくさん見受けられた。「時間を大切にしたい」、「大会に出られるだけでもうれしい」という前向きな言葉を聞くことも増えていき、結果として各種大会で好成績を残すまでに成長していった。私が在職していた五年間では、震災の翌年の三月に女子弓道部が全国選抜大会で準優勝した頃から、生徒同士が高め合う活動を目にすることが多くなった。

結果として、野球部、弓道部、空手道部、ソフトテニス部、剣道部、卓球部、バレーボール部、ソフトボール部、サッカー部、陸上部など、石巻地区で優勝したり、東北大会にも出場する部が増えていった。その影響は、運動部だけではなかった。吹奏楽部、演劇部、文芸部、自然科学部、美術部などの文化部もこれまでにない成果を残した。このように、震災のつらさや悲しみを乗り越えながら、学校全体に勢いを取り戻していった。

この頃の私は、防災に関する講演などで校外に出かけたり、被災地を訪問する団体の対応などに追われる日々が続いていた。振り返ってみれば、生徒たちの前向きに生きようとする姿が、私の背中を押してくれたのである。しかしながら、生徒たちが前向きに生きようとする根底にある「PTG」という考え方についてまでは気づかなかった。

学校としてアンケートを活用しながら、生徒に寄り添ったり、家庭生活に配慮したりする日が続いた。学校の教育活動の「場」は、常に安心・安全を最優先する意識が強くなることから、最悪の事態を想定しがちになってしまい、ついついマイナス志向にとらわれがちになるのが学校である。ましてや、東日本大震災のような大きな災害が起きた場合は、その傾向はますます強くなる。「希望」と「絶望」が交錯する日々が日常化するからである。

こういう状況だからこそ、武内さんの口から「ＰＴＧ」という言葉を聞いたときに、自分の中で大切な何かに気づいたのである。私は、カウンセリングの専門家ではないが、震災が発生した年から始めた「こころとからだのアンケート」は、いつか必ず役に立つ日が来るだろうとは思っていた。そして、アンケートの結果を分析しながら、震災後における子どもたちの「ＰＴＧ」の力を見つめ直すことにした。

例えば、生と死の境界が希薄になった現実を受け止めながら通学したり、つらく悲しい体験を乗り越えて「語り部」になる生徒たちを見ていると、どうしても「ＰＴＧ」的な何かを感じずにはいられなかったのである。

ここで、二〇一三年を象徴するふたつの行事を先に紹介しておきたい。

モザイクアートは語る

二〇一二年六月の全校集会で、生徒たちに次のように話した。この時期は、学校運営で手探り状態が続いていたこともあり、何の準備もなく全校集会に臨んだ。そして、避難所運営のときに体育館が遺体安置所になったことを話した。教育者としてではなく、一人の人間として本音で話したことが、結果的に生徒たちのこころを動かし、次に行動を起こすきっかけを与えることになった。

「この体育館は、約七百名の方の遺体安置所になったところであり、私の叔父も二〇五番の安置番号だった。今の私は、この場で大きな声で笑うことはできない。学校は、教師の力だけで復興できるものではない。生徒一人ひとりが支え合い、高め合っていかないと前に進むことはできない」

全校集会から約一年後の七月十一日、西翔祭（文化祭）開会式のオープニングのときだった。体育館に入るやいなや、後方のギャラリーから下げられた大きなモザイクアートが眼前に迫ってきた。横が五メートルで縦が七メートルもあるような巨大なモザイクアートは、生徒や教員の笑顔の写真およそ六百枚を貼り合わせてつくられていた。それは、私の顔を模していた。初めのうちは、モザイクアートに込められた「意味」を理解できなかったが、時間が経過するにつれて、生徒たちからのメッセージだと気がついた。

それは、教職員にも大切なメッセージを投げかけた。生徒たちの笑顔の写真でつくった背景には、大きな「意味」があった。生徒たちは、悲しくつらいことがあっても前に進みたい、学校生活を楽しく過ごしたいという「こころ」の叫びとして発信してきたのである。前年六月の全校集

全校制作モザイクアート

会で、私が話したことを覚えていた生徒が発案したものだった。生徒たちの笑顔を守るのが、我々教師の役割なのに、我々が生徒たちに支えられていたことに気づいた瞬間だった。

オープニングが終了し、校長室に戻ってから私は泣いた。震災後にずっと心の中に封じ込めていた感情があふれ出した。そして、失いかけていた自信を取り戻すきっかけをもらった。モザイクアートは、学校全体が前に進むための「勇気」と「希望」の象徴なのだと思った。

モザイクアートを発案した生徒の手紙を紹介しておきたい。題は「三年間過ごしてきた中で感じたこと」である。


石巻西高校に入学した四月二十一日。初めての席、初めての友達、初めての会話。新しい環境でウキウキした気分とは裏腹に、その会話の内容のほとんどが「あのとき大丈夫だった?」でした。わたしの「あの時」は、ちょうど中学校の卒業式と重なっていた日でした。そのため、普段は単身赴任のために週末くらいしか帰ってくることができない父も、幸いにして帰省していました。家こそ浸水はしてしまったものの、修理して住むことができていましたし、何より家族全員で無事避難することができていました。周りの方々の力を借りて助け合いながら、人のあたたかさというものを感じながら。自分の中にあった、どこかまだ非現実的な感覚が、友達の話を聞いているうちに、自分の状況がどんなに幸福なものであるのかを自覚しました。西高に入学してから二年の歳月が経過して最高学年

となり、何事もすべて自分たちが先頭に立っていかなければいけない。最初で最後になってしまう行事の数々。そんな初夏のある日、文化祭の全校制作の話が持ち上がり、私は写真で一つの絵をつくるモザイクアートを提案しました。

新しい試みとして、また、自分たちの日常の思いがわかるものを目に見える形にしたいと考えたからです。もちろん大変な作業になるのは予想できていました。それでもつくりあげたかったのは、誰が見ても、感じても、明るい気持ちになれるもの、また前を向いて一歩ずつ強く歩き出そうというきっかけになることができるもの、振り返ってみたときに、良い思い出としてみんなの記憶に残せるようなインパクトのあるものという思いが、自分の中に確かなものとしてあったからです。どのようにすれば多くの生徒が目を向けてくれるか、関心を持ってくれるだろうかと考え、ＳＮＳのサービスを利用して、高校生活内での何気ない風景や日常を撮った画像を収集しました。そしてタブレット端末のアプリケーションを用いて、私たちにとって高校生活の象徴的人物でもある校長先生の肖像画にするために、集めた画像を印刷してつなぎあわせ、一枚の大きな作品を作り上げました。制作をしていくうちに、学年を越えた中で互いが互いの意見や心情を言い合えるような関係となり、校内がより活性化した雰囲気になりました。心が動いて、人が動く瞬間を体験することができ、周囲を巻き込んで統率していくには、人から人へと意識がつながり広がっていくことが重要だと身をもって感じることができました。

また、文化祭の閉会式のときに、発案者としての私に対して、校長先生から総体報告会で話された「啐啄同時」という文字が書かれた色紙をいただきました。何かを動かすためには、自分が思って変わる、行動を変える、周囲も変えていく、という意識が重要だと思いました。

後日、その生徒と電話で話をした。彼女は、十八年間の人生の中で石巻西高の三年間が一番早く感じたこと、そして、この学校に入って本当に良かったと話してくれた。入学する前はあまり意識していなかったが、良い先生やかけがえのない友だちとの出会いがあり、これが一生続いていくんだという思いが自分を支えてくれたことを語ってくれた。そして、後輩たちには、自分で思っていることを大切にして、言葉で表すにしろ何かをつくるにしろ、目に見えるものにしてもらいたいと語ってくれた。モザイクアートは、こういう思いからみんなでつくりあげたものであり、西高生のひとり一人がどんな小さなことでもいいから情報を発信していけば、学校はもっともっと発展していくはずだと語ってくれた。

モザイクアートは、悲しみを乗り越える「ＰＴＧ」の力が具現化したものだと思った。そして、学校全体が前に向かって突き進む「うねり」のようなものを実感させてくれたのである。

ハッピータイムカップ誕生

十二月二十六日、「ハッピータイムカップ」が誕生した。生徒の「PTG」の力をさらに実感したのが、その年の冬休みに開催された運動部対抗の校内駅伝大会だった。モザイクアートが生徒の意思表示だとすれば、ハッピータイムカップは生徒の行動表現である。この行事に参加した教員は、学校が変わっていこうとする瞬間を感じたと話していた。

この行事が実施される前に、野球部の顧問の石垣賀津雄教諭が校長室にやってきて、運動部対抗の駅伝大会をやってみたいのだが、ネーミングについて行事にふさわしいアイデアがないかと相談されたので、「ハッピー」は私の名前の「幸」を使い、「タイム」は教頭の名前の「時」を使って「ハッピータイムカップ」にしてはどうかと提案して名づけられた。

私は普段から、「生徒を育てるのは生徒である」、「教師を育てるのも生徒である」、「学校をつくるのは生徒である」と教えてきた。この行事は、まさに「学校をつくるのは生徒である」という教えを実践したものである。

この日は、生徒の躍動感と一体感を見せつけられた感動的な一日となった。この行事を企画し実現しようとする背景には、楽しい時間を共有したいという思いと悔いのない高校生活を送りたいという生徒たちの切なる願いがあった。こういう行事は、生徒同士の「高め合い」の気持ちが

ハッピータイムカップ誕生

なければ決して実現しないものである。

さらに、自分の学校や地域を愛する気持ちが、多くの人たちを動かすことにも気づいてくれた。生徒たちの姿を見ているうちに、今の学校で失われつつある「勇気」を感じた。生徒たちの「勇気」は、教師のこころを動かした。運動部の顧問も一緒に走った。運動部が一丸となってこれからの西高をリードし、「ひとつ上」の学校をつくっていくだろうと確信した。

私は、「生徒は何のために学校に通うのだろうか」、「教育の力とは何だろうか」と、いつも問い続けてきた。「教育の力が生徒を幸せにする力」であるならば、学校生活の中で生徒たちが「しあわせ」を共感できるのはどういうときだろうか。それは、自分が必要な存在だと実感できる「場」と「時間」を共有できたときだと思う。「学校の中で自分は決して一人ではない」と実感したときに、生徒は安心感を抱くものだ。「ハッピータイムカップ」は、まさに学校の再生を信じて共に生きる「意味」を実感させる行事になった。

この章で、「モザイクアート」と「ハッピータイムカップ」をはじめに紹介した理由は、楽しく高校生活を過ごそうとする生徒たちのエネルギーを象徴するものだからである。それは、「PTG」の力について、納得できた行事だからでもある。学校評議員の武内宏之さんが、わざわざ来校して情報提供してくれなければ、「こころのケア」の大切な視点を見落としてしまうところだった。

阪神淡路大震災以降、「こころのケア」の問題を耳にすることはしばしばあった。そして、学校におけるカウンセラーやセラピストの存在が不可欠であることも認識していた。しかしながら、子どもたちが本来持っている「レジリエンス（精神的回復力）」による「生きる力」が、学校再生と「こころの復興」のカギになるところまで考えは及ばなかった。

やはり、「生徒を育てるのは生徒である」という生徒同士の高め合いの力が、すべての教員に「自信」と「勇気」を与えてくれたのは紛れもない事実だった。教育の本質はここにあると再確認できた。東日本大震災が教育活動にもたらした教訓は、生徒同士が高め合う人間関係づくりと「いのちの教育」の必要性である。

日本の教育は、ここから決して後戻りしてはならない。

　東日本大震災以降、生徒たちに寄り添ってきた石垣賀津雄教諭と千葉真稔教諭に当時のことを振り返ってもらうことにした。

齋藤　私にとって忘れることのできない行事がありました。ひとつは西翔祭（文化祭）オープニングでのモザイクアートです。あのときは生徒に支えられている自分を実感しました。もうひとつが、ハッピータイムカップでした。あの行事がどんな経緯で行われるようになったのか教えてください。

石垣　ハッピータイムカップについては、私が石巻西高に在学していた頃もこういう行事があって、自分が教員として母校に戻ってきたら実施したいという願いは以前からありました。

齋藤　生徒の様子を見ていたり、参加した生徒たちの感想を聞いてみると、やはり震災の影響が影を落としているように感じました。「何でもいいから夢中になって何かをやりたかった」、「震災前だったらこんなに多くの運動部が参加してくれたかどうかわからないし、こんなに盛り上がらなかっただろう」という生徒の声からも、前に進もうとする生徒たちのエネルギーが伝わってきました。震災後の学校の雰囲気は重苦しいものがありましたが、何かに全力でぶつかっていきたいというエネルギーを感じる行事でもあったと思います。

千葉　石垣先生からハッピータイムカップのことを聞いたときに、どうせやるならばしっかりと踊れないとダメだと思って部員にやらせてみたら、女子は意外に楽しんでやっていたので最前列で踊らせました。恥ずかしがりながらも楽しそうに踊っている姿を見ると、全力で取り組んでいるなと思いました。

齋藤　寄せられた支援に対する恩返しとして実施したわけではないけれども、結果的に屈託のない表情が出ていたと思います。私が防災講演会や研修会でこの映像を使うときは、生徒も大人も感情移入して見てくれます。リアルタイムの感動を与えるようです。防災交流会に参加した生徒たちに聞くと、支援をしてもらった方へのお礼の気持ちも無意識のうちに出ていると話していました。自分たちも元気になりたいし、支援してくれた方にも元気な姿を見せようとする一体感が伝わってくるんですね。「恋するフォーチュンクッキー」は、私の大好きな曲になりました(笑)。生徒たちの姿を見ていると、生徒たちが教員を引っ張っていったように思います。生徒を育てているようで、実は生徒に育てられていたんだと。

石垣　そうですね。なにか意図してやったわけじゃないんですが、それがあんな風に映像で残していただいたことで、後で見てみると当時の状況を思い出します。結果的にいろいろなことを考えさせられました。

千葉　やっぱり生徒の笑顔もそうですし、あの映像を通して西高生の日常というか、いつも通りの姿を示せたかなあと思います。学校が再開するときは、本当にバタバタしていていろんなことに気を遣いましたから、笑顔のある学校生活が「ハッピータイムカップ」の映像から伝わってくるんだと思います。

齋藤　子どもたちが悲しみやつらさを乗り越えようとする姿を目の当たりにし、学校としての教育機能が少しずつ回復しつつあるなと感じてきた頃に、学校評議員の武内宏之さんから貴重な情報をもらいました。災害時における「こころのケア」として、「ＰＴＧ」という言葉を教えてもらいました。武内さんに確認すると、人間には本来、絶望の底から立ち上がる自己回復力が備わっているということでした。簡単に言うと「ＰＴＧ(post traumatic growth)」とは、トラウマ後の成長という意味です。そのときにはじめて、西翔祭(文化祭)のオープニングで見たモザイクアートやハッピータイムカップでの生徒たちの「こころの力」を実感しました。つまり、生徒たちの自己回復力の表れだったのかなと思うようになりました。

生徒たちは人生の経験知も少ないし、自分の中で比較するものが足りないけれども、その分だけ「希望」を信じて自己回復する力が強いのではないかと考えています。

石垣　ハッピータイムカップもそうですが、無意識のうちに前に進もうとする「こころの力」が出てきたのかな…と。正直言って、モザイクアートがそうだったという確信はないですが、笑顔というテーマを選んできたあたりから考えると、無意識のうちに先に進みたいという意識があったのではないかと思います。

齋藤　よく生徒と話をしていると、「将来は地域のために働きたい」、「いろんな人に恩返しをしたい」、「必要とされる社会人になりたい」という声を聞きました。これは、将来の進路を考える大きな決め手になった気がします。千葉先生は、学校再開もままならない状況で三年生の進路指導をしたわけですが、そういう傾向はありましたか。

千葉　人のために何とかという生徒がいたのは確かですが、震災の影響で学費とかで悩んでいた子が多かったのも事実でした。だから相当のジレンマもあったと思うし、結果的にはモザイクアートやハッピータイムカップというカタチに表われてきたのだと思いますが、石垣先生がおっしゃったように、生徒たちは、ものすごく大人になったと思います。それはすごく感じます。

　特に、三年生は、私よりもっと大変な光景を見ていたはずですので、それで人のためにという気持ちも強くなったと思うし、生活がだらしないなと思っていた生徒が、頑張って避難所運営を手伝っていたり、避難所で配られた賞味期限が切れたおにぎりやパンを持ってきてお弁当にしたりとか、そういう現実に不満も言わず頑張っているところからも判断できます。日常生活における生徒たちの頑張りは、当時の状況を思うとすごいものだったなあと、あらためて思いますね。

齋藤　初めてモザイクアートを見たときは、そこに込められた「意味」をすぐに理解できなかったんです。しばらく経ってから「モザイクアート」がひとつの意思表示だとわかりました。こころに封じ込めていた何かが、ひとつのカタチになったのではないかと実感しました。

二〇一三年を象徴するふたつの行事を先に紹介したが、このことは震災以後の生徒たちの歩みの象徴でもある。生徒たちの「こころ」の成長がカタチとなる機会を通して、学校から家庭へ、そして地域へと勇気と希望の広がりを見せることになった。「子どもの笑顔が復興を支える」と、私が語り継ぐ根拠はここにある。

ここからは、二〇一三年五月にさかのぼって学校の様子を紹介したい。

コロンビアとつながる

五月二十一日、コロンビアとの交流が行われた。南米コロンビアの高校生らでつくる音楽グループ「ママウ」がやってきた。男女八人のメンバーは、クラリネットやサクソフォンなどで「チリミア」と呼ばれる伝統音楽を披露し、石巻西高吹奏楽部の生徒四十五名と合同演奏を行った。「ママウ」は、コロンビア政府が、防災教育などを目的として東日本大震災の被災地に青少年を派遣する事業として結成された。二十日には、矢本運動公園内にある仮設住宅を訪れて音楽

コロンビアとの防災交流

による交流を深めていた。
今回訪れたメンバーは、コロンビアのチョコ地域で生活する中高生で、年齢は十三歳～十六歳である。コロンビアの国土は日本の約三倍で、チョコ地域はコロンビアで最も開発が遅れている貧しい場所であり、電気や水などのライフラインも整備されておらず、道路は実質上ないも同然の地域だという。
さらに、太平洋と大西洋にまたがっており、津波の危険性が指摘されている地域でもある。また、乳幼児の死亡率が高く、千人のうち百二十五人ほどが一歳の誕生日を迎える前に死亡するそうだ。しかし、経済的に貧しい地域で暮らしているにもかかわらず、その文化がとても明るく陽気であることに驚かされた。その音楽は独特のリズムを持っていて、体の奥底からわき上がってくるような感覚を覚えたと生徒たちは語っていた。

また今回の訪問は、音楽交流だけでなく防災研修も兼ねていたので、東日本大震災当時の地域の状況や震災以降の石巻西高のあゆみと防災教育の取り組みについても学んでいった。このように、世界中に震災の教訓を伝えていき、多くの人たちをつなげていくのが被災地の学校の使命ではないだろうか。

学校での交流会が終了してから、風光明媚な海水浴場として知られる東松島市の野蒜海岸を案内した。コロンビア共和国のチョコ地域は、内乱で家族を失ったり、安全な土地を求めて避難する生活を余儀なくされた子どもたちが多く、国境なき医師団による援助活動も行われている。地球の反対側に位置する国から「希望」と「勇気」を届けるために被災地を訪れた子どもたちにとって、海水浴場は未知のワンダーランドだったにちがいない。五月下旬と言えば、気温もそれほど高くなく海辺の風も冷たい。それでも彼らは、海をみるやいなや波打ち際まで駆けだした。そして、まるで幼い子どものようにはしゃいでいた。

私は、彼らの案内役を引き受けた立場もあり、震災後はじめて海岸の波打ち際まで行くことになった。波の音が異様に大きく聞こえた。幼い頃から毎日のように海を眺めて、自然の恵みを一身に受けて育ったはずなのに、どこかで海を避けている自分がいた。人が海で亡くなったり、行方不明になったりしたときは、亡くなった人が迎えに来るから海に近づいてはいけないと教えられた記憶がある。そして、東日本大震災後によく耳にした言葉を思い出した。

「津波は憎んでも海は恨まない」

これは、海とともに暮らす人たちの本音である。私の場合は、波打ち際に立って足がすくむ感覚に襲われた。海の中にはたくさんの御魂《みたま》が眠っていると思えた。そして、「海」に対して敏感になっている自分に気づいた。おそらく、海で泳ぐことは一生ないだろうと思った。

子どもたちは、災間を生きる

六月二十一日、一日がかりで防災体験学習を行った。これまでの防災教育は、どちらかというと避難訓練だけで終わる場合がほとんどで、これから起こりうる自然災害に対して実際的と言えるものではなかった。この体験学習を実施した背景には、「災間を生きる」という考え方がある。つまり、東日本大震災「後」ではなくて、次の災害までの「間」を生きる生活実感をもつことの重要性を教えたかったからである。

生徒会組織の中に防災委員会をつくり、各クラスから防災委員を選出して防災体験学習の運営や補助を任せた。これまでは、教員の指導に従って行動してきた生徒たちが、指導する立場になったことで、伝える難しさと責任の重さを実感した意義は大きかった。

例えば、実際の避難所運営のときの水くみのルールを実体験させた。水くみのルールを作った

防災体験学習～救命救急法～

防災体験学習～簡易担架づくり～

背景には、衛生問題などの二次災害を防ぐためだと理解していても、そのルールを守っているかどうかを見届けて、避難者に声がけをしてくれたのは生徒たちだったという教訓がある。そして、避難所においては生徒たちの協力がなければ運営できないことを自覚させることができた。震災から二年後の防災体験学習だったので、生徒たちも教職員も危機意識が高く、また遺体安置所になった体育館で実施したこともあり、震災当時のことを思い出しながら緊迫感の中で実施することができた。

私は、「防災教育」ではなく「防災という教育」と話すことにしている。これまでは、防災教育というと避難訓練だろうと考える傾向が強かったが、もう少し大きな視点から防災教育を見直す必要があると考えているからだ。それは、「防災」を「いのちと向き合う」教育の切り口だと考えることである。災害に対する向き合い方を教えながら、「いのち」について考え、そして「生きる意味」について考えさせる教育活動だと考えている。自分の「いのちと向き合う」ことのできない子どもたちに自尊感情は芽生えないし、他者に対する思いやりや自然に対する畏敬の念も育つはずがないからだ。これまで多くの学校で実施されてきたような、不安感や恐怖感をあおるような防災教育では、生徒たちの学びは決して深まらない。災害大国と言われる日本が、自然との共存をめざすのは当然のことであり、それが教育風土を育んできたのは紛れもない事実である。人間のおごりを自覚しながら国づくりをしないと、想像を絶する災害が日本の社会を襲うことになりかねない。不安をあおることなく、正しく恐れる教育活動として取り組む時代になったと考えるべきである。

具体的には、各学校において総合的な学習の時間、学校設定科目などの教育課程の中に明確に位置づけて取り組むべきだと考えている。その学びを通して、地球温暖化と向き合い、当事者意識を育んでいくことを早急に検討してもらいたいのである。これからの日本は、地球規模で物事を考える視点がますます重要になってくる。だからこそ、防災を切り口にした「いのちと向き合う」教育を進めていくことは、子どもたちの人間力を向上させ「生きる力」を育んでいくことにもつながると確信している。

一方において、「防災という教育」をすすめるときには、地域社会との連携が不可欠である。自然環境を学ぶと同時に、自分が暮らす地域について学ぶことが大切だからだ。体験型防災教育、ボランティア活動、防災士の資格取得などは、いずれも地域との連携が前提になる。日頃見慣れた景色が一変する体験を二度とさせたくはないが、いつどこで何が起こるかわからない時代を生きている自覚を持たせることは、それ以上に必要である。大人の経験知だけで「想定外」と片づけられたら、子どもたちはあまりにも可哀想である。

西高生、復興案を考える

七月十三日、西翔祭（文化祭）一般公開日。文化祭のオープニングを飾ったモザイクアートが、全校生徒に与えたインパクトは大きかった。高校生活最後の文化祭に込めた三年生の思いと、後輩達に受け継いでほしい期待感を象徴していたからである。この年の三年生は、避難所運営をしながら高校入試の合格発表を行ったときの入学生である。さまざまな苦難を乗り越えてきた先輩からのメッセージは、教員の言葉に勝る力がある。長い教員生活の中でも、生徒たちのこころに火がつく場面にめぐり逢うことは決して多くない。文化部の展示や発表も前年にも増して内容が充実していた。

とりわけ自然科学部は、前年度に波浪と津波のメカニズムについて発表したが、これまでの実験と調査結果をふまえて独自の復興案を考えていた。

ひとつめが、二重堤防の建設と高台移転だ。堤防によって津波の威力を弱めることはできるが、堤防をはるかに越えるような巨大津波が襲ってきた場合、一つの堤防だけで津波を完全に防ぐことは不可能である。そこで二重堤防の建設を考案した。もし津波が第一堤防を突破したとしても、第二堤防に達するまでに津波の威力は大幅に減少する。威力の弱まった津波であれば、第二堤防で完全に遮断することができると、部員たちは考えた。

しかし、二重堤防を建設した場合には、二つの堤防間に人が住めなくなり、広い範囲で土地が余ってしまう。

そこで、この土地の利用方法について考えるために、部員たちは西高生全員にアンケート調査を実施した。アンケートの項目には、土地の利用方法だけではなく震災や防災に関する内容も含めた。そして、アンケート結果をふまえて「西高生の考える復興案」としてまとめた。この復興案は、自然科学部の生徒たちが考えたオリジナルのものである。

具体的には、高台移転や二重堤防の建設により生じる跡地に風力・太陽光発電施設をつくる。ここで復興に必要なエネルギーをつくり出しながら復興の活力にする。また、被災地でエネルギーをつくり出すことで、被災した人々を少しでも勇気づけることができる。さらに、津波被害の大きさを後世に伝えるためのメモリアルパークを建設し、その周りを森林で囲むというものだ。

第二堤防より内陸にかけては、高盛土の道路を建設して第三堤防の役割も果たすようにする。高盛土の道路以降は住宅地とし、高台に学校や役所やヘリポートを備えた公園などの公共施設を建設する。高盛土の道路から内陸にかけては、広い道路を整備し、災害発生時には避難道としてスムーズな避難を実現させるという画期的なものであった。

どちらかと言えば、消極的な部員の多かった自然科学部が、ここまでの研究成果を残すことができた。顧問の指導はさることながら震災に立ち向かう若いエネルギーが、「災害を科学する力

◇二重堤防の概略図

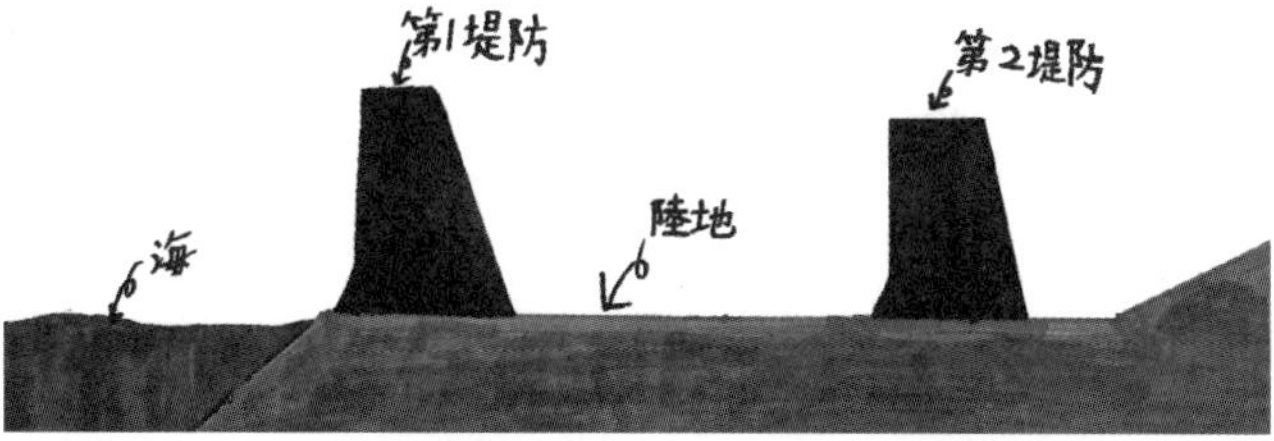

◇復興案

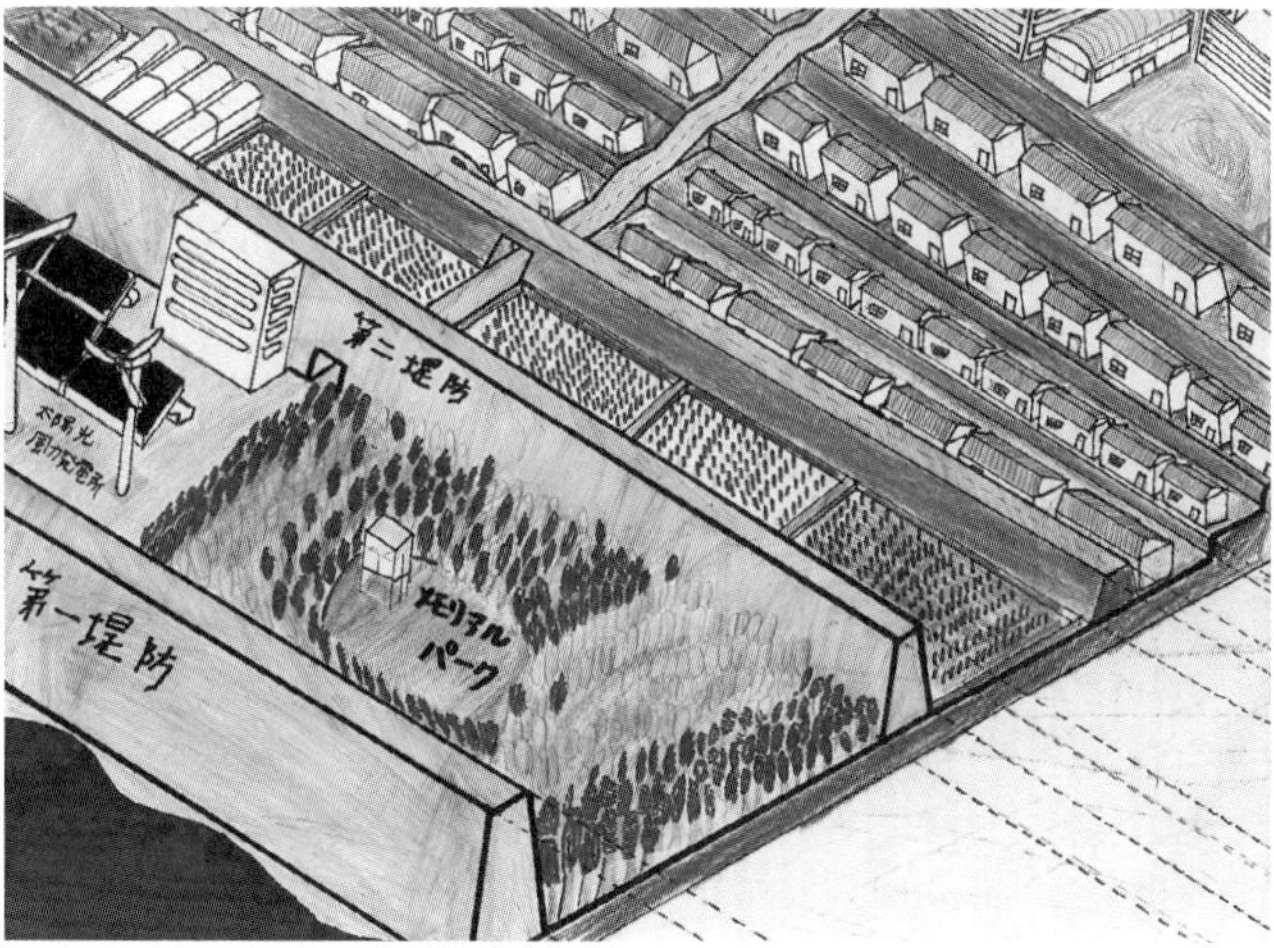

タチ」になって表れたのだ。

最後に、一般公開で来校した人に対して、自然科学部からのお願いがあった。その内容は、被災地を目に焼き付け教訓として地元の防災に活かすこと、被災者の気持ちを考えて好奇心や面白半分で来ないでほしいこと、最後にいのちの大切さを感じてほしいことなどであった。

中国・四川省とつながる

七月十八日、中国から「四川大地震復興支援こころのケア人材育成プロジェクト」研修団の一行が、石巻西高を訪問した。今回の訪問の背景には、日本政府の支援で四川大地震後の「こころのケア」のプロジェクトが、五年計画でスタートした経緯があった。二〇〇八年五月に発生した四川大地震によって被災した子どもたちに「こころのケア」を行ってきたが、カウンセラーの不足などもあり、学校での指導体制が整わなかった。このような反省をふまえて、継続的に「こころのケア」に取り組んできた石巻西高の取り組みを参考にするのが目的だった。我々の取り組みが、四川省の子どもたちの指導に少しでも役に立つのかと思うと、「こころのケア」に携わってきて良かったと素直にうれしかった。

この研修では、二〇一一年六月から翌年の六月まで実施してきたアンケートの分析結果を活用しながら指導してきた実態を紹介した。

はじめに、震災直後の避難所運営や学校再開、生徒ひとり一人の実態よりも学校全体の状況を把握したことを説明した。その中でもＰＴＳＤの可能性が高い生徒には、複数の眼で観察しながら対応したことを話した。二〇一二年の十一月からは、アンケートの様式を変更して質問項目を点数化することで、クラス担任が生徒ひとり一人の状況を具体的に把握して、傷ついた「ここ

四川大地震で土砂に埋もれた学校

ろ」を抱えている生徒に寄り添えるようにしたことを伝えた。

話し合いの中で驚いたのは、四川省では「こころのケア」の取り組みを国が支援し、組織的かつ長期的なプログラムのもとで行っていると聞いたことだ。私は、東日本大震災後の「こころのケア」の問題に対して、被災地のどれくらいの学校が組織的かつ長期的に取り組んでいるのだろうかと疑問に思った。

震災直後は、養護教諭やカウンセラーからの提案で、「こころのケア」の調査を行った学校は多かったが、記録を取り続けて活用している学校は、そんなに多くはなかった。学校においては、残念ながら「こころのケア」の問題を養護教諭やカウンセラーに任せるという雰囲気が、まだ根強く残っている。そういう意味においては、「こころの教育」や「いのちの教育」に対する教員の当事者意識はまだまだ低いと言わざるをえない。

被災地の子どもたち、諏訪市に行く

八月一日～三日、「第一回ＢＯＳＡＩミライ交流・ｉｎ諏訪」が開催され、東松島市と諏訪市の小中高生たちが集まった。

交流の一日目、東松島市の子どもたちは、フォッサマグナや中央構造線について学んだり、諏訪湖とともに生きてきた歴史や文化に思いを馳《は》せたり、諏訪大社の御柱祭りの木落しの映像に圧倒されていた。この日の夜は、石巻市と諏訪市をつないだ花火大会を見学した。夜空に輝く花火の光景を無心に見つめる子どもたちのあどけない表情を見ながら、子どもたちをつなぐことの意味を考えた。

二日目の朝は、霧ヶ峰高原に向かった。高原を散策しながら子どもたちが叫んだ。

「こんなに肌がスベスベするよ」

海岸沿いの東松島市は、潮風の影響で汗をかくとベタベタするのが日常である。湿度の低い霧ヶ峰高原でパウダーをつけたような肌をさわりながら、無邪気にはしゃぐ姿を見ているだけでもうれしくなった。大学生ガイドから高山植物などについて学びながら、自分たちの生活空間との違いを満喫していた。背後にそびえる八ヶ岳の雄大な眺めと遙か遠くに見える富士山の眺めは、まるで人間の存在の小ささを教えているようにも思えた。子どもたちは、住む場所が異なっても、自然とともに生きる「意味」を感覚的に受けとめていた。霧ヶ峰高原の散策は、生涯忘れることのできないものになったようだ。

午後からは、蓼の海森林体験学習館で防災学習と交流会を行った。海のある町からやってきた子どもたちにとって、森林に囲まれたこの場所は、未知の国とも思えるくらいワクワクするものだった。「伝え合い・学び合い」そして「つなぐ」ことを目的にしたこの研修では、諏訪市の災害について学び、お互いの体験や取り組みを紹介し合った。

話し合いの中で、諏訪市の子どもたちが震災のことを質問してきた。その中に一人だけ戸惑い顔の少年がいた。矢本二中から参加した雁部那由多君だった。彼は、私のところに確認に来た。

「何を話しても良いんですか」

私は、彼の被災体験を知っていたので、安心させてあげようと考えた。

「話したいことはすべて話してもいいよ。大丈夫だから心配しないで」

彼は大曲小学校の出身で、震災当日に助けを求めてきた人を救えなかったことで自分を責めていた。そして、学校が再開してからも、クラスが落ち着かない状況が続いていたので、震災のことについて話さないようにと指導されていた。小学生にとって教員の言葉は重い。それから彼は、震災のことをできる限り話すまいと感情を封じ込めてきたのである。「こころのケア」の目的も兼ねてこの交流会を企画したこともあり、彼のこころが少しずつ変化して一歩前に踏み出す機会だと判断して彼の背中を押してあげた。彼は諏訪市の子どもたちに懸命に話した。私は少し距離をおいて彼を見守った。

話し合いが終わってから、お互いが協力して夕食づくりが始まった。大自然の力が雁部君の心を解放したのかもしれない。心配するような緊張感や違和感もなく、共同作業をしていた。ときには、安堵感からあどけない笑顔も見せていた。

諏訪市の子どもたちの中には、次のように話す生徒もいた。

「これまでは諏訪湖が氾濫しても、いのちの心配がない程度の浸水で済んだが、災害時の助け合いが重要だ」

防災交流ワークショップ

学校では、当事者意識を持つことの大切さを生徒に教えるが、どちらかというと教師の方が当事者意識が低い場合が多い。それは、地域に対する愛着の違いでもある。参加したこどもたちの心に芽生えたのは、まさに「共助」の精神だった。「共助」は、長い時間をかけて育まれてきた日本固有の風土でもある。それは、まさしく学校に根づいてきた教育的風土でもある。この視点をないがしろにしてはならない。

東松島市から参加した子どもたちからは、次のような感想を聞くことができた。「子どもなので、お金のことはわからないけど早く復興してほしい」、「こうして真剣に聞いてもらって癒やされた」

諏訪市と東松島市の子どもたちの交流を通してわかったことは、これからの教育活動において自然体験学習が果たす役割は大きいということである。かつては、多くの学校で臨海学校とか林間学校といった行事が実施されていた。自然体験から学ぶことが、それだけ大きかったからである。それが、さまざまな事情によって学校行事から消えてしまってから久しい。

最近になって、学習指導要領の中で体験学習の重要性がうたわれているが、学校文化の体質として一度消えた行事を復活させることはかなり困難である。子どもたちの日常生活を取り巻く環境が、ゆたかな自然からあまりにもかけ離れてしまったからだ。

全国防災会議にのぞむ

二〇一四年一月十日～十二日、東京代々木の国立オリンピック記念青少年総合センターで、「中学生・高校生による全国防災会議」が開催された。全国各地から中学校十二校、高等学校三十校、特別支援学校二校の計四十四校が参加した。

全国防災会議に参加した西高生

石巻西高からは三名の生徒が実行委員として参加した。そこで発表したのは、スリランカやコロンビアとの国際交流、シンサイミライ学校の様子、そして「震災をみつめて～巨大防潮堤建設から考える未来への責任～」のテーマで自然科学部の研究成果を発表した。冬休み明けの全校集会の挨拶で、石巻西高から全国に発信する機会だと話したが、立派にその役割を果たしてくれた三名の生徒を誇らしく思った。

また、私には提言書作成の実行委員会の担当として、二十班以上から提出される防災アクションプランを、簡潔な提言としてまとめるという役割があった。各班から出された意見を持ち寄るのと並行して提言書を作成することになるので、かなりの時間がかかることを当初から覚悟していた。次は、最終日に発表した提言書である。

絆2014　～明日への提言～

私たちは、日本各地から集まってきた中学生と高校生です。二〇一一年の三月十一日に発生した東日本大震災は、日本の未来に大きな問題を投げかけました。自然の驚異は、これまでのすべてを見直す生き方を迫りました。そして、たくさんの方々が、今もなお先の見えない不安な日々を送っています。

私たちは、今の自分ができることは何か、何をしなければならないのかと、あの日からずっと考え続けてきました。そして、どんなに小さな力であっても、多くの仲間が力を合わせれば、その願いは必ず世界中まで届くと、実感するようになりました。

これまで、二〇一二年二月に兵庫県で高校生による全国防災ミーティングを開催しました。一九九五年一月十七日に発生した阪神淡路大震災で大きな被害を受けた淡路島からは、まず高校生から行動することを表明しました。

二〇一二年十二月に宮城県で中学生・高校生による防災ミーティングを開催しました。東日本大震災で大きな被害を受けた宮城県からは、次世代だけでなく同世代にも、千年後にも震災の教訓を伝えようと発信しました。

二〇一四年一月には東京都で、中学生・高校生による全国防災会議を開催し、参加した中学生・高校生で作り上げたアクションプランを、一人ひとりが忘れないで実行できるように、わかりやすく覚えやすい五つの提言にしました。日常のささやかな取り組みを通して得た知識、想い、経験などを、個人から地域、地域から日本、そして世界へ広げていってほしいです。

一．私たちは、自分たちの趣味や特技を復興支援や今後の防災活動に活かしていきます。

一．私たちは、普段の挨拶や行事への参加によって地域とつながり、助け合える関係をきずいていきます。

一．私たちは、身につけた知識や経験を自分なりの表現で伝えていきます。

一．私たちは、自然の美しさや恵みについても理解と感謝をし、共存していきます。

一．私たちは、決して一人ではないということを忘れません。

「ひとつ上」の自分になってまた会いましょう！(手話)

二〇一四年一月十二日

国連ユースがやってきた

震災以降、日本だけでなく世界中からさまざまな人たちが、被災地を訪れている。例えば、石巻西高には、スリランカ、コロンビア、中国、アメリカなどから震災の教訓を学ぶために多くの人が来校した。

そして、二〇一四年一月二十五日～二十六日にかけて、国連ユースリーダーシップキャンプが石巻西高の西翔会館で開催されることになった。参加したアジアの青年たちは、パキスタン八名、インド五名、フィリピン三名、スリランカ二名、ネパール二名、イスラエル二名、中国一名、イラン一名、シンガポール一名、カンボジア一名、モンゴル一名、インドネシア一名、タイ一名、日本一名の計三十名だった。

これは、国連による開発と平和のための国連ユースリーダーシップキャンプとして東京で開催された研修の一環として、東日本大震災で大きな被害のあった石巻地域を訪問し、帰国してから自国の防災活動に生かすための学びとして企画されたものだ。

石巻西高からは、一年生二十九名が参加して空手道、剣道、弓道などの案内役をしたり、震災のワークショップを行ったりした。はじめのうちは、通訳をあてにする生徒もいたが、気持ちが通い合うようになってからは、自然と和やかな雰囲気ができあがり大きな盛り上がりに変わって

国連ユースリーダーとのワークショップ

いった。われわれ教員が考えていた以上に、参加した若者たちの共感力はすばらしかった。
研修の後半は、二年生二十七名が参加して、防災講話や帰国後のプレゼン資料作成のためのアシスタントを引き受けてくれて、お互いに学び合う内容の濃い研修となった。
とりわけ、パソコンを使った資料づくりは、通訳がなくても質の高いレベルのプレゼン資料ができたので、指導した教員も安堵の表情を浮かべていた。西高生は、自分たちが関わった資料が、帰国後に多くの人たちの役に立つだろうと思い、国際交流に参加したよろこびを感じていた。そして、交流の輪がアジアの国々に広まってゆくことに大きな自信を持つことができた。
やはり、必要とされる存在であることを実感すること、社会の役に立つよろこびを感じることが、被災地の子どもたちにとっての「こころの力」になると思うと、「つなぐ」をスローガンに取り組んできた教育活動が着実に実を結んでいると実感した。しかも、その交流の輪がこんなにも早くアジアの国々にまで広まっていくとは予想外でもあった。

しかし、このキャンプで最も頭を悩ませたのが、食事の問題だった。欧米の学生であれば、メニューにもあまり気を使うこともないので、食堂業者に委託することもできるのだが、今回の研修では宗教上の理由から食材が限られてしまった。そのときに調理を引き受けてくれたのが、かつて飯野川高校で三年間クラス担任をした木下恵美さんの長男の智也君だった。彼は、アジア各国の宗教上の事情をふまえてメニューを考えてくれた。このように神経を使う調理を快く引き受けてくれた智也君の姿には、今なお行方不明の母親の恵美さんの思いまで感じられた。

「みやぎ鎮魂の日」を考える

二〇一三年三月二十六日、宮城県議会は三月十一日を「みやぎ鎮魂の日」と定める条例を制定した。石巻西高としては、在校生九名と新入生二名の計十一名が犠牲になったこともあり、地域として哀悼の意を表する「場」にしようと考えた。さらに、東松島市教育委員会が小中学校を休校日にしたので、地域との連携を検討することにした。震災後の復興は石巻西高だけの問題ではなく、地域全体の問題でもあるし、世代を越えた問題にしなければならないと考えた。だからこそ、小中学校との連携を具体的に模索し、鎮魂の日の意義が忘れ去られることを食い止めようと考えた。

二〇一四年三月十一日、東松島市教育委員会主催でシンポジウムを開催した。テーマは「みやぎ鎮魂の日シンポジウム～被災地から未災地への提言～」にした。

このシンポジウムを通じて、日本だけでなく世界各地から支援を受けていることに対する感謝の気持ちを伝え、一方では震災の記憶が風化しないように情報を発信し、日本の将来をになう子どもたちの防災意識を育んでいこうと考えた。シンポジストは、東松島市の中学生、石巻西高校生、東松島高校生、東松島市教育長、仮設住宅自治会長、そして地域の関係者にお願いした。全体として二百名くらいが参加したが、とりわけ小中学校の教員の参加がもっとも多く、これからの防災教育のあり方を考える使命感がひしひしと伝わってきた。

シンポジウムの最後に、矢本二中から参加した雁部那由多君が決意表明をしたが、そのときの会場のざわめきを今でも忘れない。

「阪神淡路大震災の後に、たくさんの語り部が震災を語り継いでいます。しかし、語り部の多くは大人です。だから私は、子どもの語り部になりたいと考えています。そして、将来は教師になりたいと思っています」

震災のつらい体験から感情を封じ込めてしまった中学生の言葉が、その場に居合わせた人たち

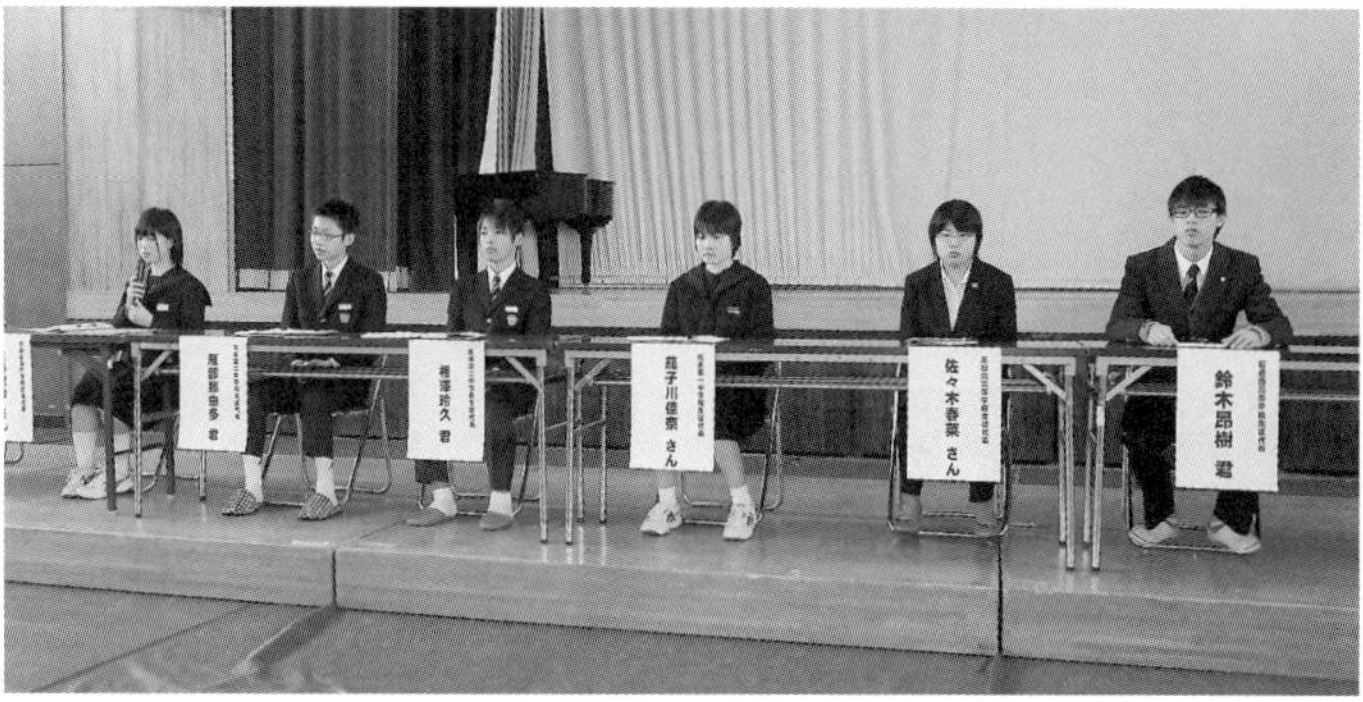

「みやぎ鎮魂の日」シンポジウム

の心に深く響いた。「語り部」になって自分と同じ体験をする子どもをなくしたいという使命感が、彼の心の中にしっかりと芽生えていたからである。彼の決意は、同じ地域で暮らす子どもたちの思いを代表するものだった。

当時の私は、同じ宮城県に住んでいても震災に対する温度差がかなりあると感じて疎外感に近いものを感じていた。特に、沿岸部で大きな被害にあった生徒と内陸部の生徒の生活感の違いはかなり大きかった。当然のことながら、「みやぎ鎮魂の日」の受け止め方にもかなりの温度差があるだろうと思いながら、このシンポジウムに臨んでいた。

その日、本校の父母教師会長から仙台市内の街並みを撮った写真データが送られてきた。驚きとともに痛みを共有する県民意識を強く感じた。仙台駅近くのクリスロード商店街の午後二時四十六分前後の様子を撮った写真だった。私の思いを察してくれたかのように、会長さんが送信してくれたのである。この日から私は、「温度差」という言葉を自分の思い込みだけで使わないようにしようと決心した。

やはり、三月十一日は、すべての宮城県民にとっての「あの日」だった。この二枚の写真によって「みやぎ鎮魂の日」の「意味」を語り継ぐ使命をあらためて自覚させられた。

14時46分前のクリスロード商店街

14時46分後のクリスロード商店街

第七章　石巻西高2014

校長になってから三年目がスタートした。それは同時に、教員生活最後の一年でもあった。この頃は、学校全体の雰囲気も活気に満ちてきて生徒たちの表情も明るくなり、こころの成長をさらに感じるようになったが、教育活動を「カタチにする」という最後の仕事が残っていると、私は考えていた。

校歌は「こころの力」である

二〇一四年に入学してきた生徒は、震災当時の小学六年生である。地域の多くの小学校で校舎が全壊したり、避難所になったりして、従来のような卒業式を挙げることができなかった。そのときの六年生は、四月からの中学校生活をどんな気持ちでスタートしたのか、そして高校に入学してきたのかと思うと心が痛んだ。そこで私は、入学式後に小学校の被災状況と卒業式の実施状況を調べてみることにした。

石巻市内の中学校から三十三校百四十九名、東松島市内の中学校から九校三十三名で、その他の地区を合わせて計二百名が入学してきた。入学生が在籍していた小学校のほとんどは、三月末から四月にかけて卒業式を実施したが、式場については、自校の体育館が二校、中学校の体育館借用が三校、多目的室が四校、音楽室が二校、視聴覚室が一校、図書室が一校、教室が二校、校長室が一校、コンピュータ室が一校、図工室が一校、卒業証書を受け取るだけが五校、校庭が一校という状況であった。東松島市では、ほとんどが三月下旬に実施され、小学校九校のうち体育館で実施したのが六校、多目的ホールが一校、それ以外が二校だった。

例えば、蛇田小学校出身の十六名の入学生は、体育館が使えなかったために校庭で卒業証書を受け取ったという。

また、東日本大震災の影響で学び舎を失った小中学校は、石巻市、東松島市、女川町を合わせると十校以上にもなる。子どもたちにとって学び舎を失うということは、校歌を歌う「場」がなくなったことになる。先の見えない不安だらけの避難所生活で子どもたちが口ずさむ校歌に励まされ、生きる勇気をもらった大人がたくさんいたことを考えると、あらためて「校歌の力」を実感した。

次の写真は、四月二十四日の昼休みに、校長室から廊下に出て撮影したものである。この日は中庭で石巻支部総体に向けて校歌練習を行っていた。その声の大きさに驚き、思わずデジタルカメラを手にした。三階が一年生、二階が二年生である。三年生は、後輩たちが歌う声の大きさに

中庭での校歌練習

驚いて教室から中庭まで出てきたところである。

応援団長と応援委員会が指導する校歌練習は、以前も中庭で実施されたことがあったが、この年の声の大きさは格別だった。

一年生の時から応援委員会に所属していた生徒は、時間が経つにつれて応援委員会に対する愛着と誇りが強くなったと語ってくれた。応援団長は野球部の選手でもあった。応援団長自身も後輩の声の大きさに感激していた。

校歌練習が終わってから、これからの石巻西高生に期待することを聞いたところ、彼は力強く答えてくれた。

「今年の一、二年生は、例年にないくらい大きな声を出してくれます。この勢いを崩すことがないように、さまざまな場面で大声で校歌を歌ってほしいです。大きな声を出すのは、決して恥ずかしいことではありません」

また、何名かの新入生に聞いたところ、異口同音に答えてくれた。

「大きな声で校歌を歌えるのがうれしい。当たり前の学校生活を送りたい」

まるで、小学校の卒業式で校歌を歌えなかった悔しさをぶつけているようにも聞こえた。震災の影響は、こういう日常の教育活動の中にも表れていた。この年の高校総体では、多くの運動部がすばらしい結果を残した。応援する生徒も選手も一体感を持って大会に臨むことができたからだ。今の時代に、母校の校歌をこれほど大きな声で歌える学校は、全国でどれくらいあるのだろうかと、ふと思った。

地球を科学する

二〇一四年七月、東松島市にディスカバリーセンターがオープンした。地元の株式会社、橋本道路が、旧洋装工場跡地に建設した震災復興のための教育施設である。この施設には、日本で唯一の科学地球儀がある。この施設を紹介する理由は、被災地を訪れる人たちにとって大きな学びとなるからである。

この科学地球儀は、アメリカ海洋大気庁（NOAA）が開発したものであり、陸・海・大気・天体に関する情報を直径約一・七メートルの球体に映して見せるものである。地球の美しさに感動したり、自然環境を研究したり、地球温暖化の影響を考えたりしながら、地球規模で物事を考える大切さを教えてくれる。科学地球儀を見学した子どもたちは、目を輝かせて感動すること間違いなしの教材である。

なぜ、こういう施設が被災地に誕生したのか、そこに至るまでの経緯を伝えずにはいられない。たとえ職業や立場が異なっても、子どもたちの将来を思う橋本道路の社長の思いは、私と同じだった。東日本大震災は、つらいことがたくさんあったが、平時ならば考えられないような教育財産を生んだ。

二〇一三年六月、橋本道路社長の橋本孝一氏と娘の真由美さん親子は、北欧のデンマークに降り立った。国際微生物シンポジウムに出席するためである。デンマークのプラダの地にあるがれき処理は、焼却せずに微生物で腐葉土に切り替えるもので、リサイクル率は九八%にもなり、低コストで処理ができるらしい。橋本氏にとってがれき処理と微生物の活用には、強い思いが込められている。

「がれきは被災者にとってがれきではない」

まさか異国の地デンマークでその後の人生を激変させられる科学地球儀と出会うことになると

は、同行した真由美さんにとって想像すらできなかった。

それは、デンマークのロラン島に住むマーチン氏との出会いから始まった。そこにあった科学地球儀は、二〇〇九年にコペンハーゲンで「COP15」が開催されたときに、マーチン氏が引き取ったものらしい。そこで、橋本氏はある光景を目にした。科学地球儀を見学した後の子どもたちの表情が、目に見えて変わったのである。こみ上げる感動を抑えることができなかった。

「被災地の子どもたちの未来に必要なのは、これだ」

そのときの橋本氏には、科学地球儀を手に入れるための金額や契約のことなど、まったく頭の中になかった。

一方、鳥肌が立つくらい科学地球儀の美しさに魅せられた真由美さんは、日本の子どもたちにもぜひ見せたいと思いつつも、まさか自分の父親が本気で購入するとは夢にも思わなかった。まして、アメリカ海洋大気庁（NOAA）と契約する事態になれば、アメリカ政府と被災地の中小企業が直接交渉することになることなど、ひとりの市民が考えつく次元を超えたものだった。

しかし、幾多の試練を克服しながら生みの苦しみを乗り越えて、二〇一四年七月にディスカバリーセンターをオープンさせた。それは、子どもたちの明るい笑顔に、被災地の未来を託そうとする夢がスタートした日でもあった。橋本流の震災の復興の実践でもあった。

橋本氏は、被災地に生きる大人としての生きざまを示し、その責務を果たそうとしたのである。

しかしながら、それは娘である真由美さんの苦悩の始まりでもあった。科学地球儀の案内役を素人が背負うには、あまりにも重すぎた。ＳＯＳ（Science On a Sphere）は、設置してからがすべてのスタートになる。目の前にある課題をクリアするだけで精一杯であり、すべてが手探り状態の日々が続いて眠れない夜もあった。システムが変わればデータも変わる。それについていくだけで必死だった。苦悩と孤独感が、何度も彼女を追いつめた。

「何がわからないのか、わからない」、

「日本語で聞いてもわからないものを英語で聞いてもわかるはずがない」

それでも、多くの人たちに支えられながら、子どもたちのよろこびが自分のよろこびになる手応えも少しずつ感じ始めていた。毎日の努力がやっと実り、次第に学ぶことの楽しさを感じるようになり、気が

ディスカバリーセンター

ついたら二〇一八年になっていた。

ある日、科学地球儀のプログラムに問題が発生したときに、仲間の一人がつぶやいた言葉が、彼女の考えを変えた。

「これは面白いね」

学びの原点である「楽しさ」に気づいたのである。彼女はあきらめなかった。

一方、娘を見守る父にも葛藤があった。親であれば自然の情である。娘は、いつの日かこの苦難を克服してくれるだろうと信じて、あえて優しい言葉をかけなかったそうだ。父もまたつらかったはずだ。

SOS（Science On a Sphere）が、自分で考えて自分で気づくことを目的にした教材だからこそ、子どもたちの興味をかきたてることができる。そのことを伝えようとする思いが、彼女の「こころ」を強くしていった。

わが国で第一号の科学地球儀を被災地に運んできた使命感は、父から娘にしっかり伝わっていたのである。そこには、「理科離れ」などをはねつける気概さえ感じられ

科学地球儀

る。あたかも、大人が地球温暖化を語る前に、科学地球儀を見せるべきだと言わんばかりに。

「失敗は成功の母である」

この教えは、「失敗しないで成功してほしい」という現代の子育て観に負けてしまったと、橋本氏は語る。失敗を恐れるところに真の発見はないという教えは通用しないのか。橋本親子の葛藤は続いた。こういう時代だからこそ、科学地球儀は「学ぶ楽しさ」を与えることができる。そして、学校と地域をつなぐ大きな役割を担おうとしている。世界で一流のものを身近な地域で見せることは、大きな枠組みで世界を見つめることになる。

人間の人生には、さまざまな転機があるが、課題を乗り越えながら迎えた二〇一八年は、彼女の「こころ」に少しの余裕をもたらした。地域を復興に導きながら、子どもたちに夢を与えようとした父親の判断に対して、私はあらためてたずねた。

「被災地の子どもたちに科学地球儀を見せたくて、購入を決断したお父さんのことをどう思いますか」

彼女は、はにかみながら答えてくれた。

「今は、楽しくやっています。父に感謝しています」

震災を乗り越えてきた親と子のひとつの「カタチ」がそこにあった。

創立三十周年を迎える

避難所運営の四十四日間は、すべてのことに自問自答する日々の連続だった。

「救えるいのちがあったのではないか。これから自分に何ができるのか」

自宅から通えるようになってからも夫婦で八方ふさがりの状態が続いた。ときには、感情を押さえきれなくなり、妻と一緒に泣いたこともあった。一歩前に踏み出せない私の姿を見た妻はいろいろ気遣ってくれた。

そして、震災から半年後の二〇一一年九月十一日、仙台で開演された復興支援コンサートに二人で出かけることになった。「思い出の渚」という曲で有名なワイルドワンズの島英二さんが結成したグループによる復興支援コンサートだった。その日、石巻地域から集まった千人を超える聴衆は、それぞれの被災体験に重ね合わせ涙しながら聴き入った。さらに、通常では考えられない四時間半を超えるコンサートでも、誰も帰ろうとしなかった。コンサートの途中で島英二さんから声がかかった。

「今日この会場にいらっしゃった方の中で学校の関係者はいますか」

私は、少し躊躇してから手を挙げた。受けた相談というのは、東京で集めた義援金を届けたいのだが、どこかの学校を紹介してほしいという内容だった。いろいろな情報を集めて検討した結果、石巻市立船越小学校に届けることにした。船越小学校の子どもたちは、雄勝小学校と雄勝中学校の子どもたちと一緒に、石巻北高校飯野川校の校舎を借りて学んでいた。この学校の前身は、私がはじめて教壇に立った飯野川高校だ。船越小学校の子どもたちには、電子黒板と義援金を贈呈し、船越小学校まで車を走らせ被災した体育館でコンサートを開いてくれた。その後も島英二さんからの支援は続いた。

二〇一四年十一月二十一日、石巻西高校創立三十周年記念式典の日が訪れた。創立三十周年は、生徒にとって思い出に残る式典にしようと考えていた。そして、震災の影響で最大七百名もの安置所になった体育館で大きな声で校歌を歌ってほしかった。式典当日のステージの上には、楽器や音響設備が配置され、主催者席の後ろには巨大なスクリーンが設置され、体育館のギャラリーに取りつけられた紅白幕が記念式典の雰囲気を醸し出していた。

昭和六十年四月の開校から三十周年の節目を迎えた石巻西高は、地域の方々に支えられ順調な歩みを続けてきたが、東日本大震災で大きな悲しみを経験することになった。震災で犠牲になった生徒たちのことを思い出し、式辞を読んでいる途中で思わず声をつまらせた。その会場にいたすべての人が胸にこみ上げるものを感じたはずである。

ところで、この式典の中で生徒の発表する時間を入れて、ここ十年の学校の歩みを生徒たちの言葉で語らせることにした。教職員には、生徒がつくる生徒のための式典にしたいと事前に伝え

肩を組んで校歌大合唱

ていた。

さらに、体育館の暗幕改修や生徒用ロッカー設置などの学習環境の整備に尽力してくれた教育振興会の門脇会長へ、生徒会長から感謝状が贈呈された。生徒が感謝状を直接手渡し、それを受け取った会長の表情は、さまざまな苦難を乗り越えてきた思いと、生徒と一体になった思いが交錯して涙ぐんでいるように見えた。

午後の記念コンサートでは、生徒たちとコラボレーションする機会をつくってもらった。ひとつは、ボーカルの歌声にあわせて、一年生全員と生徒会執行部、吹奏楽部員で「未来へ」という曲の手話コーラスを行ったことである。実はこの日、震災で犠牲になった生徒のお母さんを招待していた。わが子が安置されていた体育館に入ってコンサートを聴く決心をして出席していたのである。

次に、バンドの演奏に合わせて校歌を歌う場面では、二年生全員がステージ前に出ていき、肩を組みながら校歌を大合唱した。途中から一年生や三年生も前に飛び出し、体育館全体が大きな円陣になっていった。そして、大音量で母校の校歌を歌い上げ、来賓も保護者も教職員も大きな感動の渦につつまれた。私は、退職を迎える前にこの日を迎えることができたことに安堵した。そして、学校を支援してくれた人たちに、やっと恩返しすることができたと実感した。

公演が終わり控え室に戻ってから、島英二さんをはじめバンドの方々から心温まるコメントをもらった。

「今どき、こんなに勢いのある学校があるんですね」、

「高校生がここまで純真だとは思っていませんでした」

島英二さんからは、生徒会活動活性化のためにビデオカメラ、自然科学部には津波発生装置を寄贈してもらった。生徒会は、他県の中高生との交流の記録に困っていたので、大いに役立った。また、放送部は機材がそろったことで映像部門のコンクールにも出場が可能になった。津波発生装置は、自然科学部の生徒と一緒に、全国各地の小中学校で活躍の場を与えられ、防災教育の輪を広げる役割を果たしてくれた。

東京防災サミットに出かける

三月二十七日、新宿の文化学園大学を会場に東京防災サミットが開催され、都立高校の生徒たちに震災を語り継ぐ機会が訪れた。参加した生徒たちは、震災の教訓を伝える「場」をもらったことをよろこんでいた。日本の首都である東京都の防災活動に自分たちの体験が役に立つうれしさを感じていたからである。

この日は、早朝に学校を出発してから夜遅くに日帰りするというハードスケジュールにもかかわらず、三十二名の在校生と二名の卒業生が参加した。さらに、石巻西高の養護教諭と臨床心理士の野島美穂先生も協力してくれた。たくましく成長した生徒の姿に感動すると同時に、参加を認めてくれた保護者に感謝した。東京防災サミットには、百八十校以上の都立高校の代表者が参加していた。無事に防災サミットが終了し、帰りのバスの中にいた私に防災サミットの担当者からメールが届いた。

「石巻西高のみなさん本当にありがとうございました。参加した教師にも生徒にも確かな種が芽生えたと思います」

そして、学校に到着する直前にも再びメールが届いた。

「今日の出会いが、都立高校を変えると確信しています。本当にありがとうございました」

夜の十時半過ぎにやっと学校に到着すると、驚いたことに職員玄関に「シンサイミライ学校」で出会った東京都立大泉桜高校の生徒たちがいた。まもなく退職する私のために、兵庫県立舞子高校の生徒からのビデオレターを預かってきたのだという。この日は、私が生徒と一緒に東京に行くのを知っていながら、その帰りをずっと待っていてくれたのである。彼らは玄関前に立ったまま挨拶をしてくれた。

「ただいま」

そういえば、再び被災地を訪れた生徒たちに対して、私はいつも決まった挨拶をすることにしていた。

「お帰り」

私はこれまでの防災交流会の中で、いただいた支援に対して物やお金で返せないから「時間」で返すことの意味を伝えてきた。訪れた生徒たちにとっての被災地は、「こころの故郷」であってほしかったし、語り継ぎの話を聴いてもらう生徒たちは、「こころのボランティア」だと考えるように教えてきた。一人の生徒が、声をかけてくれた瞬間、胸がつまり何も言えなくなった。

「時間を返しにきました。齋藤先生お疲れ様でした」

いつのまにか、「ひとつ上」の人間にたくましく成長した姿を見せてくれた。

学校を去る日

二〇一五年の三月で、私は三十七年間の教員生活を終えた。たくさんの生徒や同僚、何よりも家族の支えがあってここまでやってこれたという感謝の思いでいっぱいだった。しかし、感謝の思いが強ければ強いほど亡くなった教え子と在校生の無念さを思わざるをえなかった。だからこそ、退任の挨拶の中で「生かされて生きる」ことの「意味」をメッセージとして送ろうと決心した。しかし、いざ壇上に立ってマイクを前にすると、最初の言葉が出るまでしばらく時間がかかった。三十七年前に初めて教壇に立ったときのこと、その後のさまざまな思い出が次々に浮かんできたからだ。どうにか読み始めたものの、震災で犠牲になった十一名の生徒の氏名を読みあげたときは声が震えた。そして、弔問して仏壇に手を合わせたときのことが脳裏をよぎった。

次は、挨拶の全文である。

今を生きる君たちへ

復興は大切なものを二度失います。一度目は、家族や故郷などを失い、二度目は復興が進むことによって思い出の景色までも色あせてしまうからです。避難所運営でこころが折れそうになったときに、私は日本人としての魂を感じました。避難所運営をしていたときは、「部活動などやっている場合ではない。勝ち負けにこだわっているときではない」と考えた教師がたくさんいました。しかし、避難していた人たちを元気づけ笑顔にさせたのは、部活動をする喜びの声と屈託のない笑顔でした。話し声、笑い声、そして支援の歌声が学校を支え、教育活動の再開を促しました。我々教師は、喪失感を乗り越える勇気を生徒からもらいました。

人は、他人のために汗を流して、人としての生き方を知るものです。人のためにしてあげたことが、結局は自分のためになるからです。要領よく生きようとする必要はありません。不器用でもかまわないのです。ですから、これからの長い人生の中で、誰にも相談できないくらいの苦難に直面したときには、たとえ希望が見つからなくても生きる道を選択をしてください。希望は絶望のど真ん中に必ず生まれます。生かされたいのちをつないでください。自分を必要としてくれる人と必ずめぐり逢います。幸せの花は忍耐と努力の枝に咲きます。どんな花も咲かせることができないときは、ひたすら大地に深く根をおろしなさい。

誇り高き教師たちへ

私は、自分の時間を削りながら、生徒に寄り添うようにこころがけてきました。この教育観が正しいかどうかわかりませんが、こうとしか生きられませんでした。人は教えられたように教え、育てられたように育てるものです。自分は半人前の教師であるという謙虚さと相手の得意分野を認め合うしなやかさを持ち続けて下さい。「常識」「レッテル」「思い込み」が、生徒の可能性を見落とす三大要因です。

教育の力とは、生徒を幸せにする力です。幸せはこころの中にあります。自分が必要とされていると思えたとき、決して一人ではないと感じたとき、誰かとつながり共感できたときに、幸福感が込み上げてくるのです。

「生徒を育てるのは生徒である」という教えは、生徒同士が高め合いながら、人と人とがつながる教育活動が欠けていることに対する、私からの警鐘です。震災を「語る」のは、体験した者のつとめです。「継ぐ」のは、聞いた者のつとめです。生徒に語り継ぐ「場」を与えて下さい。いのちと向き合ってこそ、生きる意味を深く考えます。

防災教育は、いのちと向き合う教育の切り口です。これからは、国家百年の計をもって人材を育てる時代です。国の礎は人です。人を育てるのが教師です。教師は、帰る場所を失った子どもを決してつくってはならないのです。教育受難の時代だからこそ、教師としての誇りを持ち続けてください。生徒のこころに火をつける教師であってください。教育は決して無力ではないのです。

生かされて生きる

人間は二度死ぬと言われます。一度目は心臓の鼓動が止まったときです。二度目は誰からも思い出してもらえなくなったときです。この五年間は、祈る思いで生きてきました。行方不明の教え子は、今でも私のこころの中で生き続けています。私にとって、「いない」のと「亡くなった」のは全く違うことです。

「あの日」在校生だった佐藤元紀、熊谷汐織、武山謙司、土井正樹、平塚葵、相澤充宏、今野麻里、佐々木光里、武山理生、そして新入生の及川千裕、武田恵の十一名の思いを語り継ぐのが、私の役割です。

人は宿命に生まれ、運命に生き、使命に燃えて生きるものです。自分の名前を呼んでもらえる幸せをかみしめながら、たった一度きりの人生を丁寧に生き抜いてください。

最後になります。私を生み育ててくれたのは両親です。いつもこころの支えになったのは三人のわが子です。そして、私のいのちの恩人は、妻です。

生き生かし生かされ生きるわが身にはいのちの重さ尊かりけり

また、いつかどこかで会いましょう。さようなら。

退場のときに全校生徒が歌ってくれた「ビリーブ」という曲は、震災以後に何度も聞いた曲のひとつだ。この日は、東京で暮らしている娘が、父親が学校を去る姿を映像に残そうと、友達を連れて駆けつけてくれた。また、初任地の飯野川高校で出会った教え子たちも集まってくれた。最後に体育館を出ようとしたときに、妻がそこにいた。多賀城高校時代の教え子が、私に内緒で連れてきていたのである。退任の挨拶に込めた「私のいのちの恩人は、妻です」というメッセージを直接届けることができた。感謝の思いをかみしめながら会場を後にした。

第Ⅲ部　いのちをつなぐ教育

第八章　いのちをつなぐ

振り返ると、被災地を訪れた人たちに震災の教訓を語り継ぎ、また校外で講演会などを行うようになってから二百回近くなる。

一方で、自分の語る言葉が聞いてくれる人の心にどれだけ深く届き、「いのちと向き合う」ためにどれだけ役に立っているのだろうかと、迷ったり悩んだりすることも多くなった。回数を重ねれば重ねるほど、語り継ぐことの「意味」を問い直し、その重さのために自信をなくしかけたときもある。

そんなとき、二〇一七年三月に神奈川県大和市で実施した避難所運営研修会で、語り継ぐ「意味」を再確認することができた。それからは、一人でも多くの人たちに震災の教訓を伝えようとする使命感は揺るがなくなった。それと同時に、これまで被災者の「声なき声」を伝えきれていなかったのではないかと反省するようになった。そして、謙虚な気持ちで語る姿勢を決して忘れまいと自分に言い聞かせている。

三たび福岡に向かう

二〇一七年五月、福岡県立香椎工業高校で講演会を行った。これまで、二〇一五年四月に福岡県立講倫館高校で講演会を行い、二〇一六年十一月に福岡地区教員研修会に招かれていた。その頃から九州が一気に近くなっていた。そして、二〇一六年四月に熊本地震が発生したことを機に、自分ができることを何でも実践しようとする気持ちが強くなった。そんなときに、福岡県立香椎工業高校の泉大介校長から講演の依頼があった。自分の眼で実際に熊本の被災地を見ておきたかったので、講演の前日に熊本城や益城町を案内してもらった。駆け足めぐりだったので、限られた地域しか視察できなかったが、地震の爪痕をしっかりと脳裏に焼きつけることができた。

「まさか、熊本であんな地震が起きるとは、誰も思わなかった」

と泉校長から聞いたときは、やはり大人の経験知と判断の盲点について講演の中で話さなければならないと思った。

今回の講演会では、実業高校の生徒たちに語り継ぎたいというこれまでの希望がかなった。震災の教訓として、これから実践的防災力の育成に取り組まなければならないのは、モノづくりの視点だと考えていたし、避難所運営などにも活用されると考えていたからだ。香椎工業高校は、電子機械科の課題研究でオリジナルの鎧兜に取り組んできた伝統があり、それが名物にもなっている。さらに、他の学科も技術力の高さで九州大会に出場し優勝するなどの実績を誇っている。

講演を通してもっとも伝えたかったのは、香椎工業高校の「モノづくり」の力を防災に役立つカタチにすることと、ボランティアの意味について理解してもらうことだった。この学校が、熊本地震直後から募金活動を始めたり、現地のボランティア活動を行っていたのは、泉校長から聞いて知っていた。

しかし、生徒たちはボランティアの意味を深く理解していないように思えた。支援物資を届けたり、義援金を届けたりするボランティアは目に見えるが、被災者にとってのボランティアはそれだけではない。たとえ目立ったことでなくても、仮設住宅に出向いて被災者の話を聴いたり、一緒にお茶を飲むだけでもかまわないのだと伝えた。

そこで、ボランティアの意味を、「あげる」から「もらう」という言葉で伝えた。それは、自分の時間を「あげる」ことで、被災者から生きる意味を教えて「もらう」ということである。被災者は、自分が必要とされている実感を持つことで、前に向かって歩き出す勇気をもらうからだ。私の話が、生徒たちにしっかりと伝わっている手応えは、講演の最後に校歌をリクエストしたときに実感できた。これまで多くの講演会で、その学校の校歌をリクエストしてきたが、香椎工業高校の生徒たちは、これまで聞いたこともないくらいの大きな声で歌ってくれた。ステージの上で思わず涙があふれた。高校生のあれだけ力強い歌声を聞いたのは、石巻西高の退任式以来だったからである。体育館から退場するときに、後方にいた一年生から激励の声をかけられた。

「がんばれ」

東日本大震災の教訓が、少しずつ九州の地に伝わっていくのを実感した。

その後も、全国各地で自然災害が続発した。

六月二十一日、福岡から帰って一カ月もしないうちに三重県に土砂災害注意報が発令された。そして、和歌山県白浜町と古座川町では、観測史上一位の大雨を記録した。

七月五日、台風三号の影響により島根県で大雨特別警報が発令された。そして、五日～六日に九州北部豪雨が発生した。テレビで被災者が語っていた。

「まさか、こんなにたくさん雨が降って川が氾濫するとは思わなかった」

線状降水帯と聞いても、実感のない人が多かったはずだ。福岡県朝倉地域で、流出する土砂災害のために指定避難所に行くことさえできない人がいた。

それから、ますます避難所運営の「共助」の精神と「ウェビング」の考え方を伝えなければならないという義務感が強くなった。

八月一日、神奈川県をゲリラ豪雨が襲った。日本全体が、自然の驚異をまざまざと見せつけられたことで、底知れない不安と恐怖を感じるようになってきた。

八月六日、島根県益田市で、当地で観測史上一位の三九・三度を記録した。七日、台風五号が和歌山県北部に上陸した。

生かされて生きる

私には、生きている間に行ってみたいところがあった。ひとつは、松尾芭蕉生誕の地である三重県の伊賀上野である。私が大学で国文学を学ぼうと思ったのは、若い頃の松尾芭蕉に惹かれたからである。伊賀上野については、三重県の桑名北高校で講演会を行ったときに、車で連れて行ってもらったことで念願がかなった。そのときは、伊勢神宮の外宮にも参詣することができた。以来、山岳信仰と自然災害、そして日本人の宗教心についても考えるようになった。

もうひとつが高野山である。震災前までの私は、世間の仏事にあまり拘泥《こうでい》しないで生きてきた。それでも、「弘法も筆のあやまり」のことわざくらいは知っていたし、能書家でもあった空海の『風信帖』を手本に書道に親しんだときもあった。しかしながら、真言密教には、さほどの関心を持たなかった。というよりも、理解しようとしなかったというのが正直なところである。

しかし、東日本大震災を体験してからは、宗教心について考える機会が多くなったり、とりわけ高野山を訪れたいという気持ちが日に日に強くなった。

八月二十日、早朝に自宅を出発した。そして、新大阪駅まで迎えに来てくれた瓜破西中学校の

高野山参道

木下祐介先生の車で高野山に向かった。遙か遠くに見えていた高野山が近づくにつれて、震災がなければこの地に来ることはなかっただろうとしみじみ思った。それも、高野山中学校での講演依頼がきっかけだったことが何よりもうれしかった。この頃の私は、自分の中で確かな何かをつかみたい心境になっていた。

この日は、高野山中学校の森下英男校長の道案内で、いろいろな場所を巡ることができた。教育について語り合い、宗教について語り合い、いのちについて語り合いながら参道を歩いていると、鬱蒼《うっそう》とした杉木立に囲まれた涼しさを体に感じた。

そして、震災以降の自分を振り返り、これからの自分の生き方について考えをめぐらせた。これまでは、宗教の寛容性について考えたりすることもなかったが、すれ違った外国人の観光客を見な

東日本大震災物故者慰霊碑

がら、

「信仰の問題は関係ないのでしょうか。観光だと割り切っているんですかね」

と、森下校長に話しかけた。不信心な私には理解できるわけはなかった。

さらに、出会いの不思議を感じたのが、宿坊の大圓院だった。下調べもなく不勉強なのも良かったのかもしれない。大圓院は、『平家物語』に登場する滝口入道と横笛の悲恋物語の舞台になった寺院だと知った。そして、明治時代の高山樗牛が書いた『滝口入道』という小説を思い出した。男女の愛と仏道修行の葛藤を想像し、女人禁制の高野山の存在について考えてみた。

出会いの不思議はさらに続いた。夕食のときに、大圓院の住職が高野山大学の学長をなさった藤田光寛先生だと知った。そして、藤田先生が東北大学の先輩だとわかり感激した。夕食後は、同行した仲間との語らいに話がはずんだが、翌日に備えて早めに眠ることにした。

二十一日、早朝の五時に目が覚めた。宿坊の玄関まで森下校長が迎えに来てくれた。暗さが残る参道を歩きながら奥の院に向かう途中で、空海上人に供せられる朝餉《あさげ》を運ぶ僧侶にめぐり逢えたのも貴重な経験だった。そこからさらに歩き、弘法大師の御廟の前に立ちつくした。手を合わせる前から震災で犠牲になった人たちへの思いがあふれ涙を流した。

参拝を終えてからの帰り道は、来たときと別の道を選んだ。森下校長は、私が国語の教員であることを知っていたので、与謝野晶子の歌碑がある場所まで案内してくれようとしたからである。

しかし、歌碑を見つける前に、もっと大きなものが私の目に飛び込んできた。

それは、「東日本大震災物故者慰霊碑」だった。犠牲になった人たちを供養したいという気持ちから参拝したこともあり、涙がこぼれた。自分に与えられた時間の許す限り語り継ぐ活動を続けていこうと覚悟を決めた。同時に肩の力が抜けて気持ちが少し軽くなったようにも感じた。そして、すべては自分の「こころのあり方」なのだと気づいた。

その後、高野山中学校に向かい、待っていてくれた中学生を前に講演会に臨んだ。このときは、言葉を選ばず、気負わず、ゆったりとした気持ちで話すことができた。生徒たちが座っている席の後方には、藤田光寛先生も見守ってくれていた。

校長室に戻ってから、森下校長にあらためて感謝の気持ちを伝えた。

「気持ちを新たにして語り継ぐ決心ができたのは、高野山を訪れたおかげです」

お礼の挨拶を済ませてから高野山中学校を後にし、ふもとの橋本市に向かった。橋本市は、この年の一月に橋本市立隅田小学校と橋本市役所が主催する防災講演会に招かれたことが縁で、再び訪れたときには避難所運営ワークショップを行う約束になっていた。

都市型災害に備える

八月三十日、東京都世田谷区にある私立目黒星美学園で避難所運営ワークショップを行った。防災担当者が宮城県出身ということもあり、生徒とともに熱心に防災活動に取り組んでいた。そして、地域とつながる活動をもっと広めようとして手探り状態が続いていた。学校としては、福祉避難所の指定を受けているが、今回のワークショップに対して教職員が真剣に取り組んでくれた。私からは、実際に災害が発生した直後は、福祉避難所であろうとなかろうとすべてを受け入れざるを得ない状況になると伝えた。そして、福祉避難所として機能するのは、「公助」による支援が始まってからだと考えておくべきだとも伝えた。この研修会では、「ウェビング」の視点で混乱期の避難所運営を始めざるを得ない状況になると話した。さらに、避難所として指定されているという受け身の意識から、積極的に地域を守るという意識に変わるべきだと訴えた。

なぜなら、都市型災害の二次被害として特に忘れてならないのは、人権問題だからである。かつて、関東大震災で発生した火災で、逃げ場を失った人たちが暴徒化し、根拠のない流言飛語のせいでたくさんの犠牲者を出した記憶が消えかかっていると考えたからだ。人種差別をしてはならないと教える教師が、首都東京で巨大災害が発生したときに追いつめられた避難者をすべて受け入れることができるかどうか、大きな混乱が起きるのではないかと私は懸念している。そう考えると、都市型災害に備える場合は、ふだんから人権問題を指導しておくことが不可欠である。負の歴史の教訓を繰り返してはならないからである。目黒星美学園は、この日のワークショップを通して、「防災という教育」の大きな一歩を踏み出した。

その日の午後は、目黒星美学園から移動して都立新宿山吹高校で避難所運営ワークショップを行った。新宿山吹高校は、この年の八月に東松島市で防災研修を行った高校であり、教職員の防災意識も高くなっていた。しかも、夏の研修では参加希望者が多くて選抜したと聞いた。事前の準備や事後の指導にも時間を割き、防災の実践力を育成しようとする意気込みが伝わってきた。新宿山吹高校は、帰宅困難者の指定避難所になっているが、この問題は切実である。これだけ人口が密集している大都会で、どうやって帰宅困難者を受け入れるのだろうかと考えると、私には有効な対応策が浮かんで来ない。

確かに、行政で作成する避難所運営マニュアルは、避難所での役割分担が決まっている。しかし、災害直後の避難所の混乱期においては、マニュアルを超えた判断をせざるをえないことを覚悟しておかなければならないからだ。

「マニュアルがあっても、マニュアルを超えた判断をする」

この自覚と実践が「共助」による避難所運営のスタートであり、共通理解がなければパニック状態に陥ってしまい避難所としての機能を果たせなくなる。

今回の研修では、数班のグループが、「ウェビング」の発想で避難所運営図を作成した。かなり、当事者意識の高いメンバーだった。生徒たちは、「ウェビング」の発想にまで至らない班もあったが、必要な役割を確認し合えたことには大きな意義があったはずだ。

この夏は、避難所運営マニュアル作成のためのワークショップを指導しながら各地をまわったが、避難所運営マニュアルを作成していない自治体が多かった。当然のことながら、避難所運営で子どもたちの力がなぜ必要なのか、「こころのケア」にどう取り組むかを検討している自治体はほとんどなかった。

帰りの新幹線の中で、予測が困難な首都直下型地震や都市火災、そして予測が可能な台風などの風水害、地下水や地盤沈下などの水問題を分けて検討するべきだと考えた。今は都会の日常生活の風物詩のようになっているが、荒川ロックゲートを初めて見たときに感じた「危うさ」を再び思い出した。

再び、四国を訪れる

十一月十三日〜十五日、愛媛県松山市で四国地区小中学校教頭会研究大会が開催された。前回、松山市を訪れたのは二〇一四年十一月のことで、日本赤十字愛媛支部からの依頼で松山市立難波小学校で講演をして以来、三年ぶりのことだ。

今回の研修会では、防災を切り口にした実践的な「いのちをつなぐ教育」の取り組みを紹介した。やはり、四国４県の研究大会ともなると参加人数も多く、避難所運営のワークショップをするには会場選びが大変だったようだ。しかし、教頭会の役員と話すたびに「南海トラフ」の話題になり、メディアでも大々的に取り上げられていることを考えると、高い当事者意識を持っているのが伝わってきた。

例えば、四国のどこかで自然災害が発生すれば、「共助」の力による避難所運営が必要になる。そして、たとえ指定避難所になっていなくても、追いつめられた被災者は学校に駆け込んでくる可能性が高い。しかも、避難所運営の先頭に立つのは、教頭である場合が多い。校長は対外的な問題に対応する場面が多くなる。つまり、組織上は校長が運営の本部長になるが、実際的な避難所運営リーダーは教頭になると考えておくべきである。

研修会当日は、特別課題分科会をつくってもらってワークショップを行いながら、私は実体験を語り伝えた。私の分科会への参加希望者が二百名を超えたことで、かなり広い会場を設けてくれた。

分科会の内容は二部構成にした。「震災を語り継ぐ～いのちをつなぐ教育～」の講演と「震災を語り継ぐ～避難所運営の実際～」のワークショップである。ワークショップでは、「ウェビング」の発想を紹介しながら、災害発生直後の三日間（七十二時間）の避難所開設についてグループ活動を行った後で、避難所運営図を作成し発表してもらった。目安として、ひとつの班のメンバーを十名にして二十班編制にした結果、「ウェビング」の発想で避難所運営図を作成したのが五班だけだった。残りの十五班は「公助」型の避難所運営図を作成した。このことは、参加した教頭の七十五％が、「はじめに公助ありき」の発想をしたことになる。そこで、「公助」を前提にした発想が優先すると、災害直後の混乱期における突発的な問題に対応できないことを参加者に教えた。

例えば、南海トラフによる津波被害を想定した場合、指定避難所までたどり着けない人がいることも考えておく必要がある。その場に避難してきた人たちが、「共助」の力で避難所を運営する覚悟が必要なのである。机上でシュミレーションした避難所運営図では立ちゆかない課題が次々と起きてくるのが、実際の避難所である。マニュアルを作成することは大事だが、マニュアルを超えた判断をする覚悟を常日頃からしておかないと、パニック状態に陥ってしまうことになる。この「共助」の視点を、地域の人たちや子どもたちに対して、ふだんからしっかりと伝えておくべきである。災害時の危機管理で最も重要な判断は、最悪のことを想定することだからだ。

ワークショップのまとめとして、地球温暖化による自然災害に対応するには、大人の経験知と判断だけでは通用しなくなること、「タテ」社会の発想と「ヨコ」のウェビングの発想のバランスをとることが重要であること、そして、実際の避難所運営では、子どもたちの力がないと避難所運営ができないことを理解してもらった。南海トラフに対する備えが大切なのは当然のことながら、学校の教育活動の中で「防災という教育」に取り組む場合は、地球温暖化とどのように向き合うかなど、日常生活のあり方や将来の地球の環境問題にもっと時間を割くべきだと訴えた。そうしないと、子どもたちのこころに当事者意識は育たないからである。これからの時代は、支援する側としての減災意識と支援される側の防災意識が一致することなくして、「共助」の精神は育っていかない。スーパー台風の発生、海面水温の上昇、偏西風の蛇行など、地球環境の視点で考える力を身につけるためには、学校防災が果たす役割は大きく、ますます重要になってくる。

最後に、悲しみを乗り越える子どもたちの「ＰＴＧ」の力が、たくさんの被災者に生きる勇気を与えたこと、生徒同士が高め合う姿が学校を変えていったことなど、石巻西高の避難所運営や学校再開後の生徒たちの様子をまとめた映像を紹介した。

四たび福岡に向かう

十一月二十日〜二十一日、福岡地区PTA研修会の講師として四たび福岡へ向かった。地球温暖化の影響が現実問題として叫ばれるようになり、災害に関する用語がメディアを通じて流れてくることが多くなった。しかし、日本人の多くは、テレビで流れるテロップを眺めながら、当事者意識を忘れているようにも感じる。氾濫する情報量の多さに慣れてしまい、自分の生活とかけ離れた出来事として感じてしまうのかもしれない。異常気象と言われても、何が異常なのかも知らずに不安ばかりあおられる。大切なのは、いたずらに不安をあおるのではなく「正しく恐れる」知識や知恵として伝えることである。

例えば、スーパー台風と言われても、何が「スーパー」なのかさえ知らない人が多すぎる。海面水温の上昇と台風発生のメカニズムが、ドキュメンタリー番組や災害報道のときに話題にされるだけで、日常の生活意識のレベルまでなかなか根づかない。

例えば、二〇一六年に発生した台風7号、11号、9号、10号が岩手県や北海道に大きな被害をもたらしたときに、地元の人たちが語る映像が流れた。

「まさかね。今までこんなことがなかった」

こういうときに、学校の管理職とPTA役員の前で話す好機がやっと訪れたのが、今回の研修会だった。学校を動かす力を持っている人たちの意識が変わらなければ、子どもたちの安全を守ることができないし、安心して学校に通うことができなくなる。実際のところ、当事者意識を持って子どもたちの前に立っている教師は少ないと思う。その教師を指導するのが校長であり、支えるのがＰＴＡである。講演会が単なる自己満足の研修で終わってしまうならば、わざわざ福岡まで出かけたりはしない。そんな気持ちで福岡に向かった。

伝えたかった主な内容は、避難所運営の実際と「こころのケア」だった。特に、七月五日〜六日に発生した九州北部豪雨について、線状降水帯の話をしながら、朝倉地区の一部の住民が指定避難所まで行けなかったことを取り上げて、「共助」による避難所運営をする覚悟をしておく必要があることを伝えた。

私は常々、減災の基本は「共助」にあると考えている。日本の災害の歴史と風土を考えてみれば、「共助」が地域社会の人間関係をつくる基本となり、生活や文化を形成してきたことは明らかだ。しかも、都市型災害を中心にした議論ばかりが先行すると、「公助」頼みの意識が強くなり、パニックが発生しやすくなることが予想される。その上、人権問題が火種となり、逃げまどう被災者が暴徒化する可能性も高くなる。都市型災害においては、いつもそのことを警戒しておかなければならない。そして、この問題に対応する大きなカギを握っているのが、「教育の力」だと考えている。

防災ジュニアリーダー、淡路に集まる

二〇一八年一月十二日、「1・17震災メモリアル行事」に参加するために神戸を訪れた。一九九五年に発生した阪神淡路大震災から二十三年の歳月が流れた。東日本大震災でたくさんの支援をいただいたが、兵庫県立舞子高校を中心とした兵庫県ジュニアボランティアとの交流は現在も続いている。

被災地の子どもたちにとって、神戸とつながることの意味は大きい。それは、震災を経験した者同士の支え合いだけでなく、日本という国を見ながら生きる視点を育成するためにも重要である。私は、初めて舞子高校の体育館のステージに立った。これまでの講演と異なる緊張感と高揚感があった。復興支援に対して、感謝の気持ちを伝える高揚感と東日本大震災の教訓を自分の言葉で伝える緊張感である。演題は、「災間を生きる～いのちをつなぐ教育～」にした。

また、今回の講演では大学生も同行した。私が勤めている東北大学の学生六名と四日市大学の学生一名の計七名である。東北大学の学生は、教員をめざしている学生たちだ。四月から教壇に立つ学生には、防災を切り口にした「いのちと向き合う」教育の実践力を身につけてほしかった。大学の教職課程においても、安全教育が実施される時代になったが、どこまで実践的なスキルを身につけられるかどうかは、今後の大きな課題である。今回の全国防災ジュニアリーダー合

宿に自費で参加した学生たちの意識は高く、将来的には学校のリーダーになる資質を備えていると確信した。四日市大学の学生は、私が石巻西高の校長だったときの生徒会長である。四日市大学に進学した彼は、震災の教訓を語り継いでいる。とりわけ、三重県の中高生と被災地の子どもたちをつないだり、熊本地震のボランティア支援などの活動を継続している。

講演の内容は、大人の経験知と判断、悲しみを乗り越える「ＰＴＧ」の力、ボランティアの意味について話した。地球温暖化の時代を生きる日本では、「生きる力」を身につけた子どもたちの育成が重要な課題である。そして、被災地の「こころの復興」は子どもたちの笑顔であること、希望を失わずに前を向いて生きる若者の姿が、被災地の復興の支えになることを訴えた。講演の最後に、防災研修で被災地を訪れた子どもたちとの約束として、

「ただいま」と「おかえり」

「行ってきます」と「いってらっしゃい」

という挨拶を交わすことにしていたことを紹介した。これは、舞子高校の生徒たちが被災地に来たときは、「ただいま」と挨拶をし、私が「おかえり」と返す。そして、被災地から神戸に帰るときは「行ってきます」と挨拶し、私が「いってらっしゃい」と返すのである。舞子高校の生徒にとって被災地が、「もうひとつのふるさと」であり、私にとっての神戸は、「いのちをつなぐふるさと」になると考えていたからである。

分科会「こころのケアとPTG」

そう言えば講演前日の夜に、環境防災科主任の和田茂先生が、私の顔を見るやいなや、「おかえりなさい」と言ってくれた。和田先生は、子どもたちと私の約束を覚えていてくれた。

午後は、防災に関するさまざまなテーマが準備されている分科会に別れた。私と大学生は、「こころのケアとPTG」の分科会を担当した。七名の大学生がコーディネートしながら班活動を行った。テーマは「今、自分に求められているもの」という抽象的なものにした。はじめに、震災体験を語り継ごうとする若者の映像を通して、「こころのケアとPTG」(トラウマからの回復と成長)についてのイメージを持たせた。

実際に話し合いが始まると、大学生と高校

生の年齢が近いせいか、すぐにこころを開いて話が弾み、予想以上に深い内容にまで発展していった。このとき、大学生と高校生が向き合う「場」の必要性を再確認した。この分科会を通して、舞子高校の普通科と環境防災科が一枚岩になり、「ひとつ上」の学校に発展しようとする可能性を感じた。分科会が終わり、バスは淡路島に向かった。

一月十三日、全国から集まった中高生の防災ジュニアリーダーたちに避難所運営ワークショップを行った。以前、国立淡路青少年交流の家に来てから、四年の歳月が流れていた。震災を語り継ぐ活動の大きな目標でもある避難所運営ワークショップを、兵庫県の子どもたちと全国の防災ジュニアリーダーたちと行うのが、以前からの願いでもあった。何よりもその場に集まったすべての人たちが、積極的にロールプレイングに協力してくれたことには感動した。

例えば、避難所にペットを連れてきた人への対応については、大学生が飼い主と犬役になってくれた。避難所を運営する教職員の役割を、取材に来ていたＮＨＫの記者にも協力してもらった。そして、避難所におけるマスコミ対応についても一緒になって考えてもらった。何よりもうれしかったのは、引率してきた先生が、ホームレスの役を申し出てくれたことだ。実際の避難所では、ホームレスの人に対して、災害対策本部から配給された弁当をあげるのかどうかのトラブルを経験したので、その先生の気持ちがうれしかった。

さらに、二次災害のなかでも起こりうる人災についても深く切り込むことができた。いわゆる人権問題にもつながる人災である。関東大震災の教訓から、参加した子どもたちに人権についても考えさせることにした。

「人災とは、国の問題ではなく、人の問題なのだ」

この問題については、報道で大きく取り上げられることはなかったが、東日本大震災のときにも流言飛語による被害は実際にあった。災害が発生した後の人災については、子どもたちの存在と「教育の力」が抑止力になると、私は信じている。

午後の研修では、参加者が学校に戻ってから実践するアクションプランの作成に取り組み、それを発表し合った。日本で二番目となる防災の専門学科を設置した宮城県多賀城高等学校は、災害科学科がスタートしてからの取り組みを報告した。そして、中高生による最後の発表が、姫路市立鹿谷中学校だった。この班は、劇を通して防災意識を高めたいと報告してくれた。

このとき私は、まさに出会いだと思った。今回の全国防災ジュニアリーダー合宿に参加した中学校は三校で、岩手県の釜石市立釜石東中学校と和歌山県の田辺市立新庄中学校、そして兵庫県の姫路市立鹿谷中学校だった。釜石東中学校は、「津波てんでんこ」の防災教育で全国的にも知られている。新庄中学校は、防災甲子園でグランプリを受賞しており、「新庄地震学」は総合的な学習の時間の取り組みとして全国でも特筆すべきものである。鹿谷中学校の生徒が、劇を演じたいと話した後で三校の生徒を集めた。そして、姫路と田辺と釜石をつないだ劇にしたらどうかとアドバイスをしたところ、生徒たちも引率教員も前向きに考えてくれた。果たして、この生徒たちがどのようにつながっていくのかを見届ける時間は、私に残されていないかもしれない。しかし、いつかどこかで多くの生徒たちをつなぐ「絆」になるだろうと確信した。

一月十四日、神戸市の「人と防災未来センター」を見学してから三宮東遊園地に向かった。そして、阪神淡路大震災で犠牲になった方々のために、それぞれの思いを込めて祈りを捧げた。一切の行事が終わり、帰り際に見せた子どもたちの表情はさわやかだった。

「風化」にあらがう

二〇一八年三月十一日、東松島市にある大曲市民センターで「みやぎ鎮魂の日」シンポジウムを開催した。

「風化は被災地から始まる」

と、私は考えている。東日本大震災が発生してからの数年間は、復旧・復興を合い言葉に、日本や世界中からの支援の輪が広がっていった。しかし、被害があまりにも広域に及んだことで、同じ地域で暮らす人たちの間に被災意識の「温度差」をもたらした。そして、「無関心」と「風化」が混同して使われるようになったと、私は思っている。

それでは、子どもたちを取り巻く生活環境はどうなったのだろうか。子どもたちの生活の中心

避難所運営ワークショップ

は家族であり、地域であり、そして学校である。
例えば、家族のあゆみについては、家庭の中で語られていくだろうが、地域のあゆみを知る機会は減っていくのが現実である。時間が経過するにつれて、震災を語り継ぐ人が減るのは目に見えている。一体、誰がどのように震災の教訓を伝えていくのだろうか。
最近は、「語り部」のネットワークづくりが進んでいる。被災三県で活動している人たちが、お互いに連携しながら大きな発信力になろうとしている。これは、とても素晴らしいことだと思っている。それでも、これから五年、十年と経過するうちに、「語り部」の子どもたちの中には、さまざまな事情で被災地を離れる者が出てくるだろう。しかも、「語り部」をできる子どもたちは、震災を記憶していなければ語れないという年齢のカベがある。そうなると、かつての災害の教訓がそうだったように、東日本大震災も、歴史の中のひとつの事実として残されるだけになる。

「風化をとめる力は学校にある」

と、私は考えている。学校には「風化」を防ぐ大きな力がある。

例えば、総合的な学習の時間やホームルームなどの特別活動の一環として教育課程に位置づけることができれば、震災に関する大きな学びの「場」を提供することになる。まもなく、大学における教職課程にも安全教育について学ぶことが義務づけられようとしていることから考えると、初めて教壇に立つ教員の研修の中に取り入れるべきではないだろうか。

そこで、この年の「みやぎ鎮魂の日」シンポジウムでは、テーマを「避難所生活の教訓と語り継ぎ」にした。参加人数は、避難所生活を体験した人が約二十名、「語り部」が七名、東北大学や茨城大学などの学生が三十六名、埼玉県からの教職関係者が十八名、その他が十名の総勢約九十名であった。このシンポジウムの目的はふたつある。

ひとつは、避難所生活を体験した人たちの「声なき声」を未災地の人たちに発信することだ。震災が発生した直後の避難所は、それぞれに運営されていた。水と食糧、トイレ問題、健康問題、情報収集など共通する問題はあったが、リーダーの存在や避難場所によって運営方法は違っていた。

そこで、避難所生活を経験した人たちから「語り部」の活動をしている若者や教員をめざす大学生に向けて教訓を語ってもらおうと考えた。それは、被災地の「声なき声」に耳を傾ける時期が来ていると考えていたからである。

ふたつめは、「語り部」の活動を行っている若者を支援することである。「語り部」は、どうしても個人的な体験が中心になってしまう。しかも、被災地全体の状況を把握していない場合が多い。これまで語り継ぎの活動をしてきた中で、一人の「語り部」の生徒が話してくれた。

「その場だけの感情や同情に終わっている気がする」

その「語り部」には、大人のサポートが必要なのである。今回のシンポジウムを通して、多くの人たちが体験した避難所生活の教訓を共有することにより、今後の「語り部」の活動の中で、広がりと深まりを持って語る力を身につけさせたかった。そして、避難所生活を体験した人たちの「声なき声」をしっかりと受け止めながら、多くの人たちに伝えてもらいたいと願った。さらに、教壇に立つ大学生には、「語り部」の活動を理解するだけでなく、実際に教壇に立ったときに、子どもたちに震災のことを語り継ぐことのできる教師になってもらいたいという期待をこめた。

第九章　震災を語り継ぐ

「啐啄同時《そったくどうじ》」に思う

「啐啄同時」とは、私が結婚するときに高校時代の恩師からいただいた言葉で、生涯の座右の銘にしている。「啐」とは、生まれようとするひな鳥が卵の殻を内側からつつく様子を表す。「啄」とは、親鳥が卵の殻を外側からつつく様子を表す。親と子のこのような共同作業が同時に行われて、初めて元気なひな鳥がこの世に誕生するというたとえである。この教えは、親と子だけでなく教師と生徒にもあてはまる。生徒が求めている「啐」を教師が気づかなかったり、教師が与えようとする「啄」を生徒が受け容れなければ、教育の成果は期待できない。

この章では、これまで関わった人たちとの対談を通して「震災を語り継ぐ」ことの意味について、あらためて問い直してみたい。たくさんの関わり合いの中から、今回は四名の若者たちとの対談を紹介したい。

大切な家族を一瞬にして奪われ、生きる希望を見失ってしまうくらいの絶望のどん底から立ち直ろうとしている伊藤健人君。

祖父が亡くなった原因が、学校からの帰りが遅くなってしまった自分にあるのではないかと責め続けてきた志野ほのかさん。

助けを求めてきた人を見捨ててしまったと自分を責めてしまい、その日の感情をこころに封じ込めてしまった雁部那由多君。

小学校時代に地域の人から教えられた「着衣泳」を思い出し、体育館のステージの上で水に浮いて助かった齋藤茉弥乃さん。

この四名の若者たちは、家族や学校や支援者の力を借りながらも、自らの力で震災のつらい体験から立ち直ろうとしている。一人の大人として私ができることは、この若者たちの声に耳を傾けて聴きながら受けとめてあげることだと考えている。「語り部」の若者たちに寄り添う覚悟がなければ、「震災を語り継ぐ」活動をする資格はないと私は考えている。

対談　青い鯉《こい》のぼり

震災当時、石巻西高の二年生だった伊藤健人君は、母と弟そして祖父母を震災で亡くした。家族の捜索を続けてから数日後、瓦礫だらけの自宅の庭から一匹の青い鯉のぼりを見つけた。それ

青い鯉のぼりプロジェクト

は、亡くなった五歳の弟の律君が大好きだった青い鯉のぼりだった。

この日から彼は、何かが自分の背中を押すのを感じながら、多くの人たちの支えによって「青い鯉のぼりプロジェクト」を立ち上げた。全国各地から送られてきた青い鯉のぼりは、五月になると自宅近くの大曲浜の空を元気に泳いでいる。

二〇一八年一月、東松島市役所の職員として立派に成長した彼と久しぶりに会うことができた。高校を卒業してから「みやぎ鎮魂の日」で講演を依頼したり、防災交流会で話をしてもらっていたが、震災当時を振り返って対談をするのは初めてだった。「人生には時《と》機《き》がある」と思うが、健人君にとっても震災当時を振り返りながら記憶を整理する時機だったようだ。

東松島市まで車を走らせながら、かつて自分が通勤していた当時の景色を思い出した。三陸自動車道の矢本パーキングを越えると石巻地域の遠景が目に入ってくるのだが、このあたりに来ると気持ちが引き締まるのは、震災当時と変わらない。矢本インターを降りてから彼の自宅を訪問して仏壇に手を合わせ、あらためて亡くなった律君やご家族のご冥福をお祈りした。

齋藤　「あの日」からからずいぶん時間が経ちました。今日は、つらいことを訊《き》いたりしますが、話せる範囲でお願いします。最初に、震災当日の状況を教えてください。

伊藤　はい。震災当日は、仙台市内でバンド活動のライブがあり、十四時四十六分はリハーサル中でした。そして、十四時四十六分になった瞬間に携帯電話から緊急地震速報が流れてきました。初めて聞く音だったので、最初は何の音かわからなかったのです。その直後、かつて経験した宮城県内陸地震とか北部連続地震とあまり変わらないと感じました。地震の揺れに慣れてしまい、死ぬかもしれないという恐怖感はありませんでした。

齋藤　地震がおさまってから東松島市の大曲の自宅まで帰って来れたんですか。

伊藤　その日は、仙台市内に泊まってテレビや携帯電話で情報を確認していたのですが、被害状況もわからないまま一晩を過ごしました。それでも、十二日の朝に、バンドメンバーの母親に迎えに来てもらって一緒に帰りました。三陸自動車道は通行止めだったので、回り道をして鳴瀬奥松島インター付近にさしかかったときに、吉田川と鳴瀬川に家の屋根や車がひっくり返って流れているのを見て、自分の中に底知れぬ恐怖感が生まれてきました。

　そして国道45号線にたどり着いた瞬間、もうこれは駄目だという感覚が生まれたんですが、徒歩や自転車で大曲浜近くの横沼地区まで行き、そこから田んぼ越しに状況を確認しました。すると松林もなくなってしまい、普段見えない地区の体育館まで見えて、もう何も考えられなくなってしまいました。それでも、どうにか歩ける道を探して大曲浜までたどり着きました。そして、二、三百メートルくらい離れた場所から自分の家の半分を確認できましたが、それ以上は進むことはできませんでした。

齋藤　家族の安否についてわかったのはいつ頃ですか。

伊藤　その日は家族の安否もわからず、ひとまずバンドメンバーの家に身を寄せていました。日付までは覚えていないんですが、三、四日は避難所を巡ったりして、生き残っている父と次男に会うことができました。父と弟も知人の家に身を寄せていて、一度は再会を喜んだものの、見つからない四人の家族のことを心配していました。

　そこで、父から矢本一中の近くの市民体育館に行ってみようということになり、その日の夕方に安置場に入ったら、自分の弟とよく似た特徴や見つかった場所が書いてありました。まず父が中に入って確認したんです。すると、父の叫び声が聞こえてきたので、僕と隣にいた次男もどうしようもない感情というか、その事実を伝えられる瞬間を、もうどうしようもない状態で待っていました。それから、父と一緒に中に入って行きました。そこで、弟の律にやっと会うことができましたが、弟以外の家族の安否はわかりませんでした。

齋藤　律君以外の家族と会えたのはいつ頃でしたか。

伊藤　震災からちょうど一カ月後の四月十一日に母が見つかりました。そのときは、すでに土葬にされていたんです。遺体の収容が間に合わないということで、警察の方から写真を見せてもらい、歯型を照合してもらって母親だと確認できました。数日後には、祖父と祖母も二人一緒に発見されました。そして、家族四人が、震災発生直後に車に乗って避難をしたことまでわかりました。津波に呑まれる直前に、母と父の電話がつながっていたので事実としてわかっています。大曲浜の橋の一本道のところが渋滞していたので、おそらくそこで津波に呑まれた可能性が高いと思います。

齋藤　青い鯉のぼりをどのようにして見つけたのか教えてくれませんか。

伊藤　はい。亡くなった弟が見つかり、火葬ができないまま安置されていた間も三人の家族を探していました。僕の家は二階部分まで津波に襲われましたが、二階にはまだ使える家財道具があったんです。それを取りに行くときに、家の前の瓦礫の中から青い鯉のぼりを見つけました。弟の律が好きだった青い鯉のぼりでした。

齋藤　そうでしたか。石巻西高では四月下旬に学校を再開しましたが、毎日がバタバタしていて生徒ひとり一人の被害状況まで把握できなかったんです。その頃の健人君は、学校に普通に登校してきたんですか。

伊藤　四月十一日が登校日になったので、その日に行きました。制服はなかったのでジャージとパーカーを着て登校した記憶があります。

齋藤　その日は、在校生の被害状況を把握するために生活状況調査を行いました。そのときの気持ちというか、精神状態はかなり苦しかったのではないですか。

伊藤　生き残った家族と自分が生きること、まだ見つからない家族を探す中で「青い鯉のぼりプロジェクト」が始まっていくわけですけれども、それまで自分の日常に大きく関わってきた学校に戻ってきた安堵感はありました。自分がそれまで身を寄せていた母の実家での暮らしとか、遺体安置所を巡る日々から少しずつ日常を感じられる瞬間を学校に行ったときに感じたんです。

齋藤　まだ高校二年生ですから目の前に起きた現実を自分の中で受け止められるはずもないし、そうは言っても学校に行けば友達もいるし、いつもは何とも思わなかった学校生活が少しはホッとする場所になったわけですね。

伊藤　そうですね。

齋藤　亡くなった在校生もいましたが、一日でも早く生徒の顔を見たい気持ちはすべての教員が持っていました。学校が再開してから五月のゴールデンウィーク明けには、津波で校舎が使えなくなった石巻女子商業高校の一年生と一緒に学ぶことになりましたが、その頃の健人君の生活はどうでしたか。

伊藤　その頃の記憶は、正直言うとすごく薄くなってきているんですね。自分の記憶の中で一番残っているのは、五月五日の「青い鯉のぼりプロジェクト」でした。その間の学校生活は、自分の中の冷え切った氷がお湯で少しずつ溶かされていくような感覚でした。

齋藤　そうでしたか。五月五日には「青い鯉のぼりプロジェクト」を始めたんですね。大変な時期にプロジェクトを始めるには、もちろん周りの支援があったからできることですよね。それまでの人とのつながりとか、実施するまでのいきさつなどを教えてください。

伊藤　律の遺体が見つかり、三月二十八日に火葬することができたんですが、その日は電気が復旧した日でもあり、自分のパソコンを立ち上げたんです。やっと自分の中でひとつの区切りがついたという思いもありました。それまで自分が漠然と思っていたのは、それまでやっていた音楽や太鼓で何かの活動をしたいということでした。

そこで、当時すごく憧れていた和太鼓の団体が宮城県内にあったので、私と一緒に復興コンサートを開いていただけないでしょうかという内容のメールを送りました。返信がくることがあるんだろうかと思いつつも、正直やってみないとわからないというところもあって、がむしゃらにメールを送った記憶があります。すると、数日後にメールが返ってきて、

「大変な状況の中で、そう言った気持ちをぶつけてくれてありがとう」

という言葉と、ぜひ協力させてほしいという内容が書いてあったので会う約束をしました。実際に会ったときには、それまで起きたことや感じていることをすべて打ち明けました。その中で、自分の弟の律が青い鯉のぼりが好きだったということ、あの泥だらけの中から見つけたということなどを話したときに、相手の方から、

「その青い鯉のぼりを、君の弟と同じように亡くなってしまった子どもたちのために全国から集めようよ」

と提案されました。それは、あの時期の自分にとって希望を抱くことができた瞬間でした。そこから「青い鯉のぼりプロジェクト」が始動しました。その方が、共同代表の千葉秀さんです。

齋藤　今、「希望」という言葉が出たんですけれども、それまでは自分は何のために生きるんだろうか、これからどうして生きていけばいいのだろうかと、生きる意味まで見失いかけるようなことがあったと思うんですよ。その中で、律君や亡くなった家族の愛が健人君に生きる力をくれたのでしょうね。それまではとても苦しかったんじゃないんですか。

伊藤　そうですね。必死に現実から目を背けたりとか、考える時間より行動する時間がとにかく欲しかったですね。だから、物思いにふけるようになった瞬間やもう深いところまで落ちそうになる感覚は毎晩あったのかなと、今改めて思います。そういう中から生まれた「希望」でした。

齋藤　健人君にとって、弟の律君につながる青い鯉のぼりや、ずっと大好きだった和太鼓がここの支えになっていたんですね。それで、「青い鯉のぼりプロジェクト」が立ち上がってからは、どれくらいの青い鯉のぼりが集まりましたか。

伊藤　だいたい二百匹くらいでしたね。ところが、五月五日に私たちのところに集まってきた鯉のぼりの数と、その終わりに回収をしたときの数が少し違ったんですよ。おそらく、その日に訪れてくれた人たちが、自分で青い鯉のぼりを持ってきて付けてくれたんだなあと思いました。一カ月あるかないかの短い期間で二百匹を超える青い鯉のぼりを届けていただいたことで、支援してくれる人のものすごいパワーを感じました。

齋藤　今の時代は昔の風習とか行事が少なくなってきてます。鯉のぼりをあげない家庭も多くなってきました。そんな時代だからこそ、子どもたちの元気なこころを象徴する青い鯉のぼりは、日本人に大切なものを呼び覚まさせてくれたと、私は当時から感じていました。多くの人たちの心を掴《つか》んだからこそ、あれだけの数の鯉のぼりが集まったのだと思います。石巻西高の教職員にも呼びかけて届けてもらいました。それだけ大きな力になっていく可能性を感じていました。それから何年も続けているようですが、現在ではどれくらいの鯉のぼりが集まっているんですか。

伊藤　二〇一七年時点で千七百匹を超えています。復興住宅の「あおい地区」に集団移転した小野竹一自治会長さんの協力もありまして、復興住宅の家々で青い鯉のぼりをあげていただくということで、数的にもさらに増えました。大曲浜に住んでいた人たちが暮らしている「あおい地区」で青い鯉のぼりをあげてもらえるのは、やはり生きている人たちの思い出の中に青い鯉のぼりがいるのだと思ってすごく嬉しいことです。そして、自分を支えてくれている人たちの大きな力を感じています。

齋藤　あおい住宅の「青」は、東松島市を象徴する航空自衛隊のブルーインパルスの「青」でもあるし、青い鯉のぼりの「青」でもあると思います。いろいろな人たちに公募した結果、復興住宅が「あおい住宅」に決定されたのもわかる気がします。大曲地区の人たちの思いが、本当に純粋な思いが象徴されているのだと思います。「あおい住宅」で青い鯉のぼりをあげるときには、学生のボランティアが関わっているので、まさに未来につながるものまで残してくれていると思います。

伊藤　最初は、家族に対する自分の思いに対して、多くの人たちが賛同してくれたのだと思いました。やがて、それぞれの思いがあって、青い鯉のぼりのもとに集って足並みを揃えて、少しずつ前に進んでいけるという思いを年々強く感じています。

齋藤　今、東松島市の子どもたちが「語り部」の活動をしたり、震災を語り継ぐ活動をしていますが、どうしても個人的な体験を語ることが多くなります。だから、その体験が普遍的なものになっていかないと「風化」は加速すると思うんです。そういうことを考えると、「青い鯉のぼりプロジェクト」は、健人君の個人的な体験かもしれないけれども、すべての人たちが人生で体験する悲しさや苦しみを乗り越える力になると、私は思っていますよ。

伊藤 自分の一番純粋な部分の感情っていうのは、本当に大切にしなくちゃいけないと思っています。やっぱり僕の場合は家族に対する愛です。そういうところが今も大きくなっていますけれども、そういう中で広がりを持ちながら多くの人の力になってもらえたらうれしいです。

齋藤 律君への思いの象徴ではあるけれども、律君はお父さんとお母さんがいて生まれてきたわけだし、おじいさんとおばあさんも含めた家族全員の思いが、多くの人たちの希望につながるものになり、健人君に生きる勇気を与えてくれているんですね。

伊藤 そうですね。一番最初に「青い鯉のぼり」を始めた頃に、少しずつ人が集まってくれたときは、僕はどこを見たらいいんだろうと思ったときが正直あります。集まってきてくれた人たちに対して、思いを等しく返していくことが必要なんだと思ったこともあり、自分の中でプロジェクトを重く感じてしまったときも正直あります。

でも本当に大事なものというのは、もっとこころの奥の方にあって、集まってきてくれた人たちが同じ方向を向いて歩いていけると共感することが一番大切なんだと考えられるようになりました。そのように思い始めたのは、ここ三、四年ぐらいです。はじめの二、三年は、集まってくれた周りの人たちに対して、自分の気持ちをどう伝えたらいいのかわからない時期でした。それが、「青い鯉のぼりプロジェクト」を始めた当初のメンバーの方々の指導と励ましにより、少しずつ前に進んできている感じがします。

齋藤　高校を卒業してから東北福祉大学に進学した後の四年間の大学生活がそういう時期だったんでしょうね。

伊藤　大学生活の中では、自分の時間を作れたことがすごく大きかったです。いろんな所で話しをしたり、演奏に出かけたりして、普通ならば経験できないことをさせてもらうことができました。四年間の大学生活の中で自分が経験したことは、本当の価値を半分しかわかっていなかったとしたら、残りの半分の価値は、社会人になっていろんな人と接する中でわかってきたような気がします。自分の中に教訓として蓄積するものがたくさんあった四年間でした。

齋藤　大学を出てから、音楽の道に進むのか、地元に残って働くのか迷ったようでしたが、今の仕事につくきっかけや働いている部署について教えてください。

伊藤　震災直後から東松島市役所で働きながら復興に携わりたいという思いは漠然とありました。その時期に青い鯉のぼりの活動や太鼓の活動も増えてかなり悩んだり迷ったりもしました。ただ、自分の原点がどこかと考えたときに、この東松島市からすべてが始まったことだし、最初に感じた思いを大事にしたいということから東松島市役所の職員になろうと決心しました。今は、小野という地域にある商工観光課で働いておりまして、主に市の観光PRなどを担当しています。仕事の内容は、地域でいろんな店を出したり、東松島市の観光基本計画を作ってプロモーションをしたりとか、いろんな場所でいろんな経験ができるので充実しています。

齋藤　ところで、和太鼓演奏のためにニューヨークに行ったと聞いていました。和太鼓は世界中の人たちの魂に響く力があると思っているんですが、実際に行ってみてどうでしたか。

伊藤　震災があって家族を失った者として、そしてエイズで自分の親を亡くしたウガンダの人たちも参加しました。境遇は違えど青い鯉のぼりと同じで、こころの深いところで傷を負っている人たちが、ダンスと東北の和太鼓をコラボさせてミュージカルをつくることになったんです。それを提案したのが、あしなが育英会の方でした。一年目は東京と仙台で公演をして、二年目はニューヨークとワシントンで公演させていただきました。

齋藤　健人君が今、これだけは伝えておきたいことがあれば話してください。

伊藤　そうですね。「風化」という言葉が、あちこちで使われていて、僕自身もそれに悩んでいるところがあります。どうしたらいいんだろうと考えたときに、毎日震災のことだけを思い返すと自分が潰《つぶ》れてしまうので、自分の中でスイッチを入れる瞬間と自分の中で楽になる瞬間というのを分けるように意識しています。それは、自分を大切にすることにもなるし、自分に余裕が生まれれば周りも見られるようになると思うからです。つらい記憶に対して、そういった形で自分のこころと向き合っていこうと考えています。後は、家族に対する純粋な気持ちを常に忘れないということです。

齋藤　健人君にはたくさんの時間があります。健人君の思いを多くの人に伝える機会が何度もあります。健人君を必要としてくれる人たちのために自分自身を高めていくことで、亡くなった家族の思いもそこに重なっていくと思っています。そうなるように祈っています。

対談　「語り部」として生きる

東日本大震災は、子どもたちに「当たり前のことが当たり前ではない」と思わせるほどの大きな傷跡を残した。津波の被害で被災地の多くの小学校が、これまで通りの卒業式を挙げることができずに、卒業生たちは「おめでとう」の言葉を交わすこともなく中学生になった。

例えば、東松島市立野蒜小学校では、津波が体育館内まで押し寄せ避難してきた地域住民を容赦なく襲った。体育館のギャラリーからその様子を見ていた子どもたちは、洗濯機の中でグルグル回るようになって溺死していった人を見たという。

そういう過酷な状況の中で、三月二十八日に集まることができた生徒のために、野蒜小学校は簡単な卒業儀式を行った。ほとんどが着の身着のままで出席し、中には県外に避難したまま参加できない生徒もいた。卒業証書も流されてしまったので生徒の名前を点呼するだけだった。卒業生の言葉もなく合唱も一曲だけの簡単な卒業式になった。それでも、友達と抱き合って涙を流し、地域の方々に見守られながら子どもたちは巣立っていった。

「良かった助かって。ありがとう」

二〇一四年四月、そのときの生徒が石巻西高に入学してきた。志野ほのかという生徒である。入学後の彼女は、私と一緒に「震災を語り継ぐ」活動に参加するまでに成長していた。

二〇一七年六月、震災当時を振り返りながら対談に応じてくれた。彼女は大学一年生になっていた。

齋藤　ほのかさんが以前に書いた作文を読みましたが、今日は対談の形で話してもらえますか。

ほのか　はい。震災当日は、金曜日で野蒜小学校は五時間授業でした。五時間目が総合学習の時間で体育館で地域活動の発表をしていましたが、終わる時間がいつもより遅くなっていました。校舎を出たら雪が降っていて、幼馴染みと一緒に雪で遊びながら校庭をゆっくり歩いていました。そして、校門を出たあたりで大きな地震に襲われました。

齋藤　地震が起きた直後に、ほのかさんはどんな行動をとったのですか。

ほのか　実は、友達とふざけて歩いていたので、地震に気づかず校内放送から流れてくる

「地震が発生しています」

というアナウンスで気づきました。校庭の方を見ると先生が職員室から走ってきて、両手を大きく広げて校庭の真ん中に児童を集めているのが見えたので、そこに向かって走り出しました。

齋藤　その後、野蒜小学校の体育館に避難したときの様子について話してもらえますか。

ほのか　はい。体育館に避難してから一時間くらいで津波が押し寄せて来て、私と友達は体育館の階段に向かって走っていき、二階のギャラリーに上りました。流れ込んできた水に浸《つ》かることはなかったのですが、津波が体育館を呑み込んでいく様子を二階から見ていました。どんどん水かさが増してきて、まるで洗濯機の中のように波が渦巻いている状態でした。そして、二階にいた自分たちの足元まで水が来たときには、さすがに死を覚悟しました。

齋藤　このまま死んでしまうという感覚に襲われたということですか。

ほのか　このまま体育館の屋根まで水が増えたらもう絶対無理だと。小学生だった自分の考えだと思うのですが、もしそうなったときのために助かることがあるかもしれないと考えて、少しずつ窓のほうに移動しました。

齋藤　体育館にたくさんの人が避難してきて、ステージやフロアにいた人が犠牲になったと聞いていますが、ほのかさんは直感的に高い所へ上がって窓の近くに行ったんですか。

ほのか　そうですね。実は、野蒜地域に住んでいる安倍志摩子さんという方が、授業の一環で着衣泳を教えてくれていたんです。そのときに、六年間やってきた着衣泳の授業が頭に浮かんできました。

齋藤　実際、津波が襲ってきたら着衣泳ができる状態ではないと思いますが、できるだけのことをしようとする気持ちがわいてきたんですね。

ほのか　うまく言えませんが、なんとかしなければならないという感情がわいてきました。

齋藤　やはり、いろいろな訓練をしておくと、身体のどこかに記憶されていて、いざというときに頭に浮かんでくるんですね。そう思いながらギャラリーから体育館の中の様子を見ていたんですね。

ほのか　はい、見ていました。そのときはなんというか、感情が無の状態になり、かわいそうとかも思わなくて言葉も出ませんでした。怖いという感情もわいてこなかったんです。

齋藤　確かに、人は想像を絶する場面に遭遇すると、喜怒哀楽の感情が失われてしまって言葉も出てこなくなるし、身も心も固まってしまうんですよね。その後、夜になってから卒業式で歌う予定だった「旅立ちの日に」を友達と歌ったと聞いていますが、そのときの状況を話してもらえますか。

ほのか　はい。体育館内の水の動きが止まったあたりから、やっと感情が少しずつ戻ってきて、これはまずい状況なっていると理解することができました。そのとき、なぜか周りにいた友達と思い浮かんだのが歌うことでした。当時、私は「嵐」というグループのファンだったので、「サクラ咲ケ」という明るい曲を口ずさんだのを覚えています。そうすると、誰かが「旅立ちの日に」のフレーズを歌い始め、私も自然と歌っていました。月明かりしかない暗闇のなかで、自分たちにできることは何だろうと考えたときに、

「野蒜小ファイト！」

という言葉が出てきたのです。その言葉は体育館にいた人たちを励まして、いつしか体育館中に私たちの声が響き渡っていました。校歌についても一緒に歌うことで、今の状況を乗り越えていけると思って歌い始めたんです。

齋藤　「歌の力」が、すごく大きかったんですね。その後、体育館を出て避難所に行くまでどのような行動をとったのですか。

ほのか　体育館から出た時間は、全然覚えていなくて、後から聞いた話だと夜の十時頃には体育館の水もある程度引きはじめ、消防団やお父さんたちが体育館まで救助に来てくれました。体育館に入ってきたお父さんたちが、まず大声で自分の子どもの名前を呼び、返事をすると

「よしっ！」

と、涙をこらえた声が体育館中に響いていたのを忘れられません。その後、体育館から校舎へ全員が移動しました。三月十一日の夜は、友達と一緒に教室で寝て、日が昇るとともに顔見知り

のおばあさんと一緒に、近くの避難所に向かいました。その途中で、私を探していた家族と再会しました。

齋藤　そうでしたか。家族の存在というのは大きいですね。その後、おじいさんが亡くなったことを聞いたのですか。

ほのか　最初、おじいさんがいないと聞いたときは、

「あ、そうなんだ」

と思うくらい現実味がありませんでした。でも、近所の人からおじいさんが亡くなった経緯というか、津波が来る前の様子や避難しなかった理由を聞いていくうちに、最終的には自分が家に帰って来るのが遅かったからだと考えるようになりました。いつもの金曜日の時間帯ならば、ちょうど帰宅する時間でした。でも、その日は帰りが遅れていたので…。近所の人が避難を呼びかけても、おじいさんは

「ほのが帰ってくる時間だから待っている。帰ってきたら避難するから」

と言って家の外で待っていたそうです。

齋藤　だから、自分のせいで亡くなったという感情を封じ込めていたんですね。当時は、地域全体で火葬が間に合わなくて、仮埋葬(土葬)が何カ所かで行われていました。ほのかさんのおじいさんも仮埋葬されたと聞いたのですが、その場所には行ったのですか。つらいときは話さなくて

も良いです。

ほのか　大丈夫です。おじいさんが亡くなった現実を、どうしても受け容れることができなかったので行きませんでした。でも火葬されることが決まってからは、会いたい気持ちが強くなったので行きました。仮埋葬のときまでは、あまりにもたくさんのことが起こっていたので、小学生の私には受け止めることができませんでした。感情も追いつかず、悲しいとかあまり感じていなかった気がします。ただ呆然《ぼうぜん》としたまま時間だけが過ぎていました。

齋藤　そういう体験が、「語り部」として活動していくきっかけになったのですか。

ほのか　そうですね。確かに、そのときは信じられないことばかりでしたが、今考えてみれば、こういう体験をしている人は少ないと考えることもできるようになりました。少し言い方がまずいかもしれないですが、なかなかできない体験をしたことで精神的に成長した部分もあったような気がします。

齋藤　つらい体験をした後に言葉が続いてくるものです。その後、統合された鳴瀬未来中学校を卒業したんですね。石巻西高を志望した理由は、それまでの体験と関係がありましたか。

志野　はい。姉のさやかが石巻西高に在学していたのですが、全国各地で防災活動に取り組む姿を見ていました。一番の理由は、早稲田祭で石巻西高の吹奏楽部が、歌手の平原綾香さんと「Ｊｕｐｉｔｅｒ」を演奏しているのを生《なま》で見たからです。

「姉は、こうやって震災を乗り越えようとしているんだ」と、心を動かされたのが大きかったです。自分も石巻西高に入学して、このような活動をしていきたいと強く決心しました。

齋藤　今日は、ほのかさんのお母さんも同席しているので一緒に話をうかがいます。

実は、ほのかさんが、私と一緒に語り継ぎの活動をしたいと希望していたことは、姉のさやかさんから聞いて知っていました。ただ、野蒜小学校の体育館でのつらい体験のことも聞いていたので、家族にどこまで打ち明けたのかなと心配していました。家族にも打ち明けられないつらさを抱えた生徒を交流会に連れていくのは、精神的にきついだろうと考えたからです。お母さんにうかがいたいのですが、ほのかさんが野蒜小学校のことを話す機会はありましたか。

母　防災活動に関わらず、姉と同じ学校に進学することに安心感はありました。でも、震災を語り継ぐ活動を始めることには、大丈夫なのかなという気持ちが強かったです。震災の体験を受け止めきれていないようにも見えたからです。親にもどこまで本音で話しているのか分からなかったので、どこかで感情が抑えきれなくなるのではないかと心配していました。

齋藤　親であれば当然そうだと思います。どのタイミングで震災の体験を家族に話そうと思ったのか、または自然に話せるようになったのか、そのときの様子を教えてください。

母　家族というよりは、私と二人で話したのが初めてでした。たまたま二人でお昼を食べていたときに、震災の話がポロッと出たとたんに、ほのかの方から次々に話し始めました。その時がきっかけで、家族みんながいるところでも話せるようになりましたね。あと、震災の映像が流れたりすると、ちょっとずつ話すようになっていきました。

齋藤　野蒜小学校での体育館での体験を聞いたときに、お母さんはどういう気持ちでしたか。

母　心配していた部分について自分から話すようになってきたので、少しずつ気持ちの整理ができてきたのかなあという感じはありました。でも、語り継ぎの活動をすることによって、ほのか自身が震災のつらい思いを吐き出してくれるというか、プラスにしてくれるならいいかなとも思いました。しかし、それがマイナスになるんだったら、親としてどう接していいかわからなかったので、それは困るよねとも家族と話していました。

齋藤　生徒を校外に連れて行って震災の語り継ぎ活動をするまでには、私としてもいろいろ悩みました。生徒たちは、学校の中では震災の体験をあまり話せないんですね。つらい体験をした生徒は、友達に聞かれるのを嫌がっていました。

一方で、被害をあまり受けなかった生徒は、軽い気持ちで聞いてはいけないという感情がありました。それでも話したい生徒がいるのならば、語り継ぐ「場」をつくってあげようと考えたんです。

実際の語り継ぎ活動のときには、わざわざ聴きに来てくれた人たちのために一生懸命に話していました。だから、ほのかさんも一歩前に出るきっかけをつかんでくれたらいいなと思っていました。確か、最初に行ったのは三重県の四日市でしたが、震災体験を初めて話したときはどうでしたか。

ほのか 意外と普通に話せるんだと思ったのが一番最初の感じでした。でも、話した後に気持ちがすっきりしました。

母 でも、家に帰ってきて

「私、話しながら泣いてしまったんだよね」

って言ってました。だから、

「いいんじゃないの泣いても。自分の気持ちに嘘つく必要ないよ」

と言ってあげました。

齋藤 お父さんやお母さんには、そこを理解してほしいんです。涙は自然にあふれ出るものだし、ほのかさんが言ったようにすっきりしてこころが軽くなった生徒は、他にもいたんです。悲しみを乗り越えるのは、親や教師の力ではなく自分の力だけなんです。だから、時間がかかるんですよ。泣いたかどうかを覚えていないというのは、それがこころの奥底から湧いてきた感情だったからだと思います。私も心配しながら見守っていました。それで、「語り部」として活動してもいいかなと思うようになった時期はいつ頃からですか。

ほのか　高校一年生の後半にボランティア活動に参加するようになってからです。仮設住宅で何かを企画して交流する「ココカラハジマルプロジェクト」です。それに参加するようになってから人と関わる機会が増えたのが大きかったです。

齋藤　どちらかというと、ほのかさんはあまり社交的なタイプではないですよね。それが「語り部」になるには、すごく勇気のいることだと思います。うれしかった反面、心配もしていました。それでも、上手に話すのと本音を語るのは違うことなので、よく決心してくれたなと思っていました。

ほのか　「語り部」として初めてスタートしたのは、高校二年生の五月のゴールデンウィークのときです。

齋藤　被災地で「語り部」として活動するのと県外に出かけて行って語り継ぎ活動をするのは違うと思いますが、親としてはどうでしたか。

母　本当にこの子は、姉とは性格が違って人の前で話すのが苦手な子なんです。だから震災のことを自分の口で語ることが、本当にできるのだろうかというのが、親としての本音でした。でも、ほのかの語りを聞いた人が、

「大変、大変ってよく聞くけど、実際に現地の人から聞くと、こんなにも重みが違うんですね」

と話していたのを聞いたときに、ほのかが「語り部」をすることは、世の中の人にそれだけ影

響を及ぼすことなんだなって思いました。でも、皆がそう思ってくれるわけではないので、メディアなどは怖い部分もあるなというのが、親の正直な気持ちでした。

齋藤　それは私も心配していました。私がいつも心がけているのは、「語り部」の活動を一度スタートしたならば、大人がしっかりと見守っていかなければならないということです。語ることで子どもたちが傷つかないようにするのが、大人の務めだと考えていました。いつか、「語り部」を続ける意味についても、自問自答するときがきっとくると考えています。私は、そのときの支えになるつもりでいます。

最後に、将来自分はこういう仕事に就きたいという目標はありますか。

ほのか　最近、大学で勉強していて思うのは、「語り部」をしているからこうしなければいけないとか、今までの活動にとらわれて将来のことを決めるのではなくて、いろいろなことをしていく中で、最終的に「語り部」の活動や震災のことにつながる仕事ができたらいいなと思うようになりました。

そして、いつまでも何かしらの形で地元とは関わっていきたいと考えています。

齋藤　それでいいんです。「語り部」になったことに縛られすぎてしまうと苦しくなります。やめたいときもあると思います。自分が一生懸命に語ったことが、相手にどれだけ伝わっているのか不安に思うことがこれまでもあったはずです。私が、ほのかさんにしてあげるアドバイスは、人生には必ず時機《とき》があるということです。
　最後に、お母さんからほのかさんに話しておきたいことがあればお願いします。
母　災害というのは、どこにいたから助かるというものでもないし、生と死は紙一重だと思うんです。私たちもこうやって生きているけれども、もしかしたらいのちを落としていたかもしれないです。だから、「語り部」を続けていくのであれば、ほのかが体験したことを皆にしっかりと伝えながら、一人でも多くの人たちに対して、いのちの大切さや当たり前のことの大切さを伝えてほしいなと願っています。でも、あまり無理しないでほしいというのも本音です。
齋藤　つらい体験を思い出させてしまいましたが、ほのかさんの体験が人の役に立つようにつなげていきます。ほのかさんには、あまり自分で背負いすぎずに、確かな足取りでゆっくりと丁寧に生きてもらいたいです。

対談　16歳の語り部

　雁部那由多君と初めて会ったのは、彼が東松島市立矢本第二中学校の一年生のときだった。長野県諏訪市で行われた第一回「ＢＯＳＡＩミライ交流ｉｎ諏訪」という防災交流行事に参加したのがきっかけだ。東松島市の小中高生が諏訪市で行う交流を「ＢＯＳＡＩミライ交流ｉｎ諏訪」

とし、諏訪市の小中高生が東松島市で行う交流を「虹のかけ橋プロジェクト」として、両市の教育委員会が後援となり実施してきた。

彼は二〇一四年三月十一日に石巻西高で開催した「みやぎ鎮魂の日」のシンポジウムに参加し、震災の体験や教訓を子どもの視点で語りたいと発表した。

「震災の語り部の多くは大人で、子どもの視点で語られることが少ない。子どもが感じたことを伝えていかなければいけない。僕は子どもの語り部になろうと思います。そして、将来は教師になりたいと考えています」

子どもの視点で震災を語ることができる年齢が限られていることに彼は気づいたのである。つまり、子ども目線の意見は、今だからこそ意味があると考えたのである。そして、自分の思いや体験を社会に発信しようと決心した。

齋藤　諏訪市との出会いから「語り部」になるまでのことを話してください。

雁部　はい。諏訪市との最初の出会いは、僕が矢本二中の一年生のときでした。二〇一三年八月に諏訪市で開催された「ＢＯＳＡＩミライ交流ｉｎ諏訪」に参加してからです。そこで初めてお会いしたのが齋藤先生です。「ＢＯＳＡＩミライ交流ｉｎ諏訪」は、最初は防災についての技術的な面を学びながらディスカッションをするのだと思っていましたが、実際は僕にとって震災を振り返る初めての機会になったんです。齋藤先生が映像や写真をもとに震災の教訓を話した後で、生徒同士で話し合いをする時間がありました。

齋藤　震災体験の振り返りには個人差があるし、無理やりさせるものではないんです。語り継ぐ「場」を設けてあげれば被災体験を聞いてもらいたいとか、自ら伝えたいと思っている生徒もいたんです。諏訪の子どもたちと出会った場所が、霧ヶ峰高原に行く途中の「蔘の海森林体験学習館」だったこともあったと思います。大自然の中での開放感が、雁部君の気持ちをリラックスさせたのかもしれないです。

雁部　そうですね。震災を振り返ることができたのは、被災地を遠く離れた場所だったのと、目的を持って集まってきた人たちだったからだと思いますし、自然の力もあったのかもしれないですね。

矢本二中に入ってからは、お互いにどんな被災体験をしているのかわからないし、目に見える復興も進んでくるし、必要以上に話すこともなくなりました。自分の中でも震災のことを忘れつつあった時期でした。それが、諏訪に行ったことで気持ちが動き出しました。諏訪市の生徒は、震災のことについて

「ここどうだったの？」

と聞いてくるんです。自分も抵抗なく話すことができて、それが振り返りになったんです。自

分と同世代の人だったから話せたのだと思います。

齋藤　正式な「場」を設けると、真剣に聞こうとする意識になるものです。諏訪市の子どもたちは、震災の教訓を活かそうとする意識が高まっていました。やはり、温度差のない条件が整ったからこそ話せることもあるんです。被災地を離れて防災交流会を持つ意義は大きかったのです。

ところで、雁部君は大曲小学校で人を助けられなかったことで、自分の感情を表に出せない時期があったのではないですか。

雁部　はい。感情を外に吐き出せない状態でした。特に、小学校六年生のときのクラスは震災の影響が残っていて、震災に関する単語が出ただけでパニックを起こしかねない生徒もいました。先生方からは、

「震災の話はしないでね、出さないでね」

と言われたので、自分の中で完結させるしか方法がなかったんです。それが、当たり前だと思って過ごしていました。

だからこそ、諏訪での交流は転換の「場」だったと思います。諏訪に行く目的の中にリフレッシュツアーもありました。この目的があったおかげで、話せない雰囲気から解放されました。小学生のときに溜《た》めていたものが、自分の中で大きくなりすぎていたんだと思います。

齋藤　大自然の懐《ふところ》に包まれる場所でしたからね。それと初めから被災体験を話そうと決めないで

参加したことが良かったんです。参加した子どもたちは伸び伸びと話し合っていました。このときの経験があってから生活はどのように変わりましたか。

雁部　初めて振り返りをして一番に気づいたのは、震災当時を思い出せないということでした。ずっと自分の中で忘れよう忘れようとしていたことは、本当に忘れてしまうんですよね。諏訪で話したときは、震災の直後に波が来て何をしていたか、どこにいたのかということをはっきりと思い出せなくなっていました。

実際に話した内容は、地震の後に学校に避難したとか、近くの公民館に移った程度しか話せなかったんです。だから、帰ってきてからずっと思い出す作業をしたんです。その作業というのは、寝る前に震災当日のことを考えてみるとか、フラッシュバックしたときに自分の中で直視しようとしたんです。諏訪に行ってからは、震災当日のことを意識的に思い出して乗り越えれば大丈夫だと思えるようになりました。そういうことを繰り返していくうちに、だんだん気持ちが楽になってきたんです。そして、地震が発生してから避難するまでのこと、昇降口で人を助けられなかったこと、避難所から出て仮設住宅に移るまでのこと、学校が再開してからのクラスの様子などを具体的に思い出し、記憶のパズルのピースにはめていったんです。それが、後々の「語り部」の活動につながっていきました。

齋藤　自分と向き合うことによって、こころが変化していったんですね。こころの成長が言葉として表れ出したのだと思います。自分の中で少し楽になる部分も出てきたと思いますが、伝えることによって人の役に立ちたいと考える時期もあったのではないですか。

雁部　語り始めようと思ったきっかけのひとつが、石巻西高で開催された「みやぎ鎮魂の日」のシンポジウムに参加したことです。矢本二中の代表として参加しましたが、その頃は気持ちを外に出したくなった自分がいました。それでも、小学生のときに先生から言われた

「震災のことを話さないでね」

という言葉が僕の中にずっと残っていました。話しちゃいけないけど話したいという時期が、諏訪から帰ってきてからもずっと続いてたんです。その転換点になったのが「みやぎ鎮魂の日」のシンポジウムでした。

当時、西高生だった志野さやかさんが、

「震災体験を伝えることで、自分の持っている情報は人のいのちを救う価値ある情報になるんだよ」

と話した言葉が僕のこころに響いたんです。震災のことを話してもいいんだ、伝えることで誰かを救うことになるかもしれないんだという考え方に変わっていき、初めて自分の中で納得したんです。

齋藤　だからシンポジウムのときに、

「思っていることを話してもいいですか」

と、私に聞いてきたんですね。そして、シンポジウムの最後に、

「阪神淡路大震災では大人の語り部がたくさんいるけれども、子どもの語り部は少ない。僕は子どもの語り部になりたい」

と話したんですね。会場には東松島市の小中学校の先生たちもたくさんいました。一緒にいた高校生も大切なことに気づかせられたようです。

雁部　あのとき齋藤先生のところに行った理由は、また話してはダメだよと言われるのではないかと不安だったからです。コーディネーターの諏訪清二先生から質問をされる中で、

「僕は語り部になります」

と断言したのは、自分に対する決意表明というか、僕の体験を価値ある情報にできるのではないかと思ったからです。自分以外の人ができるかできないかは、その人の決意次第ですから。それを先生方がいるところで話すのは、ものすごい勇気のいることでした。

齋藤　会場の先生たちから聞こえてきたのは、話す時機《とき》が来たら子どもたちに語らせても良いんだという声でした。震災当時は、つらいことを思い出させたくないと考える先生もいたはずです。私はどちらも正しいと思っています。ただ、中学生の雁部君の口から出た言葉だからこそ、あの場にいた多くの人たちが、語り継ぐことの必要性に気づかされたんです。そのことで、多く

の教員が「こころのケア」ついて考える大切なヒントをもらったんです。

その後、高校生になってからはどのような活動を続けていましたか。

雁部　高校に入学する前に開催された翌年の「みやぎ鎮魂の日」のシンポジウムには、二人の友達も誘って参加しました。津田穂乃果さんと相澤朱音さんです。中学校の生徒会で防災活動をしたときの仲間でした。もしかしたら、自分と同じように語ることができるのではないかと思ったからです。

それで、石巻西高でシンポジウムがあるから一緒に行こうと声をかけてから、生徒会顧問の佐藤敏郎先生にお願いして追加してもらいました。それが、「16歳の語り部」の最初の活動になります。

齋藤　「16歳の語り部」の原点を聞いてみると、彼女たちにとっても人生の時機《とき》だったんですね。震災で同じ思いをした者同士が、語り継ぐことによってつながる「意味」がここにあるんです。

雁部　その後、被災地に住んでいる人と未災地で暮らす人の考え方が、あまりにも違うことを「語り部」の活動を通して初めて知りました。

例えば、三人の活動として東京に行ったときのことです。一番初めに、自分と同じ年の高校生から

「まだ仮設住宅はあるんですか」

と質問されたんです。当時は、仮設住宅があるかないかのレベルではなく、建設している段階でした。東京で生活している同年代の人たちは、震災はもう過去の出来事になりつつあったんですよ。それがものすごくショックでした。あれほど大きな災害が起きたのに、被災地以外はまるで平常運転の状態なんです。自分たちが活動を始めた頃には、東京の人たちの関心は薄くなっていました。それが、「語り部」の活動を始めてから最初に抱いた印象でした。

齋藤　その感覚は間違っていないと思います。人間の当事者意識というのは、その程度なんです。例えば、福島県の原発報道が始まってからは、日本中の関心がそちらに移っていき、こちらは単なる地域のニュースとして受け止められているような虚しさを感じました。ですから、中学生だった雁部君にとっては、大変なショックを受けたのだと思います。

私が語り継ぎ活動を続ける原点は、自分の時間を返すことにあります。聞き手の顔が見えるところで、自分の声で伝えることが基本なんです。多くの人たちに伝えるための便利な手段があったとしても、こういう地道な方法をとることにしています。なぜならば、さまざまな思いを共有しながら「いのちのつながり」を伝えることができるからなんです。語り継ぐことの本質は、そこにあると考えています。

雁部　僕が「語り部」の道を選んだのも同じような理由があったからだと思います。僕の伝えたいことは、新聞でもテレビでもある程度まで伝えることができます。でも、人対人として伝えないと、自分の深い気持ちまでは伝わらないんです。僕の中でも伝えたという実感が湧いてこないんです。僕が一番に伝えたいものは、震災当時に抱いた気持ちであったり、その後にどう思ったかという心情的な部分なんです。被害のあった場所やたくさんの人が亡くなった事実を伝えるだけであれば、新聞やテレビでも充分だと思います。ただ、人の気持ちは自分の声でないと伝わらないんです。僕が「語り部」の活動で一番伝えたいのは、津波が来たという事実ではないんです。僕たちが被災した事実でも、東松島市がどう復興したかという事実でもないんです。だから、聴いてくれる人に対していつも問いかけるんです。

「みなさんは自分のいのちを大切にしていますか、一日一日を大切に生きていますか」

震災の後にいつまでも残るのは人の気持ちなんです。僕もそうでしたけれど、気持ちの面でダメになったり、重いものが残ったりすると、体が思うように動かなくなるんです。震災で友達を亡くしたり、たくさんの遺体を見たりするのは、決して日常的なことではないです。「語り部」の活動は、面と向かって気持ちをぶつけるので相手にストレートに伝わります。それが何の集りであっても、たとえ数人であったとしても直接会って伝えたいと考えています。それが、「語り部」としての僕の立ち位置です。

齋藤　雁部君は、語り継ぐことの「意味」をかなり深く考えられるまでに成長してくれたんですね。とてもうれしいです。

対談　「自助」の力、着衣泳

東松島市で「語り部」の活動をしている「TTT」(TSUNAGU Teenager Tourguide of NOBIRU)というグループがある。その中の一人の齋藤茉弥乃さんは、母校の野蒜小学校の体育館で津波に呑み込まれる体験をしたが、小学校のときに教えられた「着衣泳」のことを思い出して難を逃れることができた。将来は、自分で自分のいのちを守る「自助」の力を身につけた子どもを育成しようと教師をめざしている。現在は、「語り部」の活動をすることで自分自身の記憶を風化させないようにしている。そして、一人でも多くの人に自分の声で被災体験を伝えながらいのちをつなごうとしている。茉弥乃さんにとって震災は、「負の遺産」ではなくなりつつある。

齋藤　はじめに震災当日の状況を話してもらえますか。

茉弥乃　当時は小学六年生で放送委員だったので、午後二時四十五分から帰りの放送をする予定でした。地震が起きたときは放送室の机の下に身を隠してその場をしのいだんです。その後、先生に連れられて校長室に移動しました。それから避難所になっていた体育館に行きました。

齋藤　いつ頃に津波が来るという連絡が入ったんですか。

茉弥乃　体育館でお母さんと妹と弟と合流しました。自宅が東名運河沿いにあったので、ここで一晩過ごすかもしれないという話になりました。私の友達も体育館に避難していたので、ちょっとお泊まり会みたいだなって思いながら一緒にお菓子とか食べていました。すると、入り口の方から

「津波が来たぞ」

という声が聞こえてきたんです。

齋藤　体育館のギャラリーに移動した人もいたと思いますが、茉弥乃さんはどこにいたのですか。

茉弥乃　ギャラリーに登る階段に近い所にいましたが、お母さんたちはどこかなとキョロキョロとあたりを見渡したらステージの上にいるのがわかったので、そっちの方に走って行きました。

齋藤　そのとき津波は体育館にどんどん入ってきたんですか。

茉弥乃　少しの間ステージの上から見ていた記憶があるので、どっと津波が来たわけではないと思います。お風呂の湯ダメみたいな感じでゆっくりと入ってきました。

齋藤　それから、どんどん水かさが増していきステージまで上がったのですね。そのときは恐怖心で気持ちが混乱したのではないですか。

茉弥乃　はっきりと思い出せないんですけれど、そんなに混乱していなかった気がします。その

とき、小学校で「着衣泳」を教えられたことを思い出しました。
もしかしたら自分はできるんじゃないかなと思って、水かさが増してきてから自分でステージの床を蹴って浮こうとしました。

齋藤　身につけている衣服だけで浮いたのですか。

茉弥乃　そうですね。何も脱ぎも着もしないでそのままの服装です。

齋藤　普通は衣服を着ていたらもがいて沈むんだけれども、衣服を膨らませるような動作をしたんですか。

茉弥乃　特にしていないです。着衣泳の授業では、逆にもがけばもがくほど沈んじゃって危ないという話を聞いてたので、空気を肺にいっぱいになるくらいに吸い込みました。まるで天然の浮き袋になるように教えてもらったので、ひたすらその教えを信じて浮いていました。また、靴は意外と浮力があるので、できるだけ力を抜いてひたすら息を止めるというか、肺に空気をためるイメージで浮いていました。

齋藤　ステージの上でしたか、それとも体育館のフロア側でしたか。

茉弥乃　ずっとステージの上にいて渦に呑み込まれないでいたと思います。

齋藤　茉弥乃さんのお母さんにも少し話を聞いてみたいと思います。

母　水が渦巻いていたのはステージの下だけなんです。ステージの上では渦巻かなかったんです。

茉弥乃　ずっと体育館の天井を見ながら浮いていたので、周りの様子はよくわからなかったです。

母　体育館の入り口の近くに階段があるというのは、みんなわかってたんですね。ただ人間の心理として、津波が来る方に逃げることはできないですよね。ですから、体育館に津波が入って来たと言われても、その階段のある方に向かうことはできなかったんです。そこで、少しでも高い所に行こうとして一年生の娘と四年生の息子と一緒に走ってステージに上がりました。さらに、一年生の娘をステージの上にある演台に乗せました。それでもどんどん水かさが増していって立っているのがやっとになったんです。これではまずいなと思って、今度は自分が演台に上がって娘を抱っこした瞬間に演台が水に浮くように回転しました。私の中では実際よりも水かさがすごく高いと感じました。

齋藤　三人の子どもたちと一緒にステージの上にいたわけですね。

母　そうですね。演台に上がって娘を抱っこした瞬間に息子が浮いてるのが見えて、

「お母さん怖いよ」

と言った後で息子が見えなくなっちゃって。息子は体育館の中央の方に流されていったんです。だから水かさが増してきてからの記憶がはっきりしないんです。たぶん息子は、そのまま流されてグルグルと渦に巻かれていったのだと思います。そのときギャラリーの上から誰かが引っ張って助けてくれたんです。

齋藤　そのとき茉弥乃さんは、ずっとステージの上にいたんですか。

茉弥乃　そうですね、ステージ上のエリアにいました。

母　私も下の子を抱っこしながら、少しくらいなら水を飲んでも平気だろうと思って、ゴボゴボって飲んだんです。でも下の子だけは水に濡れないように上に持ちあげていたんです。そのうちに水かさが下がってきたんです。それで茉弥乃が浮いているのが見えたんです。

「茉弥！茉弥！」

と呼んだら返事が聞こえたので、茉弥乃が生きているとわかったとたんに

「頑張らなくちゃ」

と思って、下の娘をずっと上げ続けていたんです。

齋藤　子どもを守ろうとする母の力ですね。

母　もうだめだと思いましたね。これが現実なのかって思ったのと、でもやっぱりダメだなって思ったのと。そのときは怖いじゃなくて悔しいって思ったんですね。悔しいなぁって思い続けたのだけは、はっきりと覚えています。

齋藤　茉弥乃さんは体育館を出てすぐ別のところに移動したんですか。

茉弥乃　いいえ。体育館の二階には、ギャラリーに続く倉庫があって、誰かがステージに面している側の壁を破り、ステージの上に残っている人を助けてくれたんです。その倉庫のような部屋

に入って救助を待っていました。

齋藤　その後、しばらくの間は親戚のところをまわったり、家族が住む部屋を借りたりしながら鳴瀬未来中学校に通っていたんですか。それから仙台市内の高校に進学したんですね。「語り部」として活動しようと思ったきっかけと「着衣泳」を伝えようと決めたいきさつなどを話してくれますか。

茉弥乃　「語り部」を始めたのは高校二年生の五月からです。そのときは、「語り部」という言葉をそれほど意識していないし、ただボランティアとして野蒜小学校の跡地で三月十一日にあったことを話そうと思っていました。だから、これを伝えたいとか、このことを知ってもらいたいというよりは、ただ自分の体験を話して聞かせればいいのかなと思っていました。

でも最初に話したときは、涙が止まらなくなり、もう嗚咽《おえつ》ばかりで言葉もろくに聞き取れないくらいの出来栄《ば》えでした。やはり、そのときの自分の中では語る目的がうまく作れていなくて、そのうちに活動そのものをしなくなっていきました。

齋藤　そうでしたか。私も生徒たちを見ていてよく分かるんですが、最初はこころの整理ができないのが普通です。でも誰かに聞いてもらいたいという気持ちは少なからずあるんですよ。また、誰かに後押しをしてもらって話せたけれども、感情が込み上げて語れなくなった生徒もいました。

やはり、語りには二つの意味があるんです。一つは自分のこころを整理する個人的な意味での語りと、もう一つは語ることによって人の役に立つという社会的な意味での語りです。ところで、茉弥乃さんが葛藤《かっとう》しているのを見ていて、母親として心配しなかったですか。

母　うちは結構、震災のことについて話をします。でも、「語り部」の活動をしながら、そういう葛藤があったことには気づかなかったですね。

齋藤　親として心配がないと言ったら嘘になるけれど、最終的には本人の意思に任せたんですね。

母　うまく言えないんですけど、どちらかというと私は、娘が「語り部」の活動をすることに反対でした。

例えば、ある新聞の取材を受けたときのことですが、全部自分の気持ちを話して活字にしてもらったので、

「もうこれで忘れられる。もう思い出さなくていいんだ」

と思ったんですね。だから何回も自分の記憶を呼び起こして、またつらい思いをするのはどうなのかなって感じていたんです。

齋藤　確かに、「忘れない」という言葉は、周りの人が被災者に言うべきものではないと、私も思います。

話は変わりますが、茉弥乃さんは教員になりたいという夢は小さい頃からあったんですか。そ

れが、「着衣泳」を広めながら防災教育をするという具体的な目標になったのはいつ頃からですか。

茉弥乃　具体的な目標になったのは高校二年生の冬頃でした。担任の先生からクラスメイトに向けて現地で「ＴＴＴ」の活動をやってくれないかと頼まれたときからです。相手がいつも教室で仲良くしている友達だったし、有志を集う形で行いました。当然、私の話を聞きたいと思って来てくれているんだから、大泣きしていては恰好《かっこう》つかないなって思いました。

さらに、私ひとりだけでなくて、「ＴＴＴ」の仲間も一緒でいいと言われたので話してみようと決心しました。そのときに自分の中で何を伝えられるんだろうとあらためて考えたんです。すると、「着衣泳」で助かったことをまず伝えたいと思いました。授業で「着衣泳」を教わっていたからこそ、今こうしてみんなと会えていると思えたからです。

齋藤　そういう意味では、高校でのホームルーム活動が茉弥乃さんが一歩前に踏み出すための大きなきっかけになったのですね。

茉弥乃　教員になる夢は震災とは関係なく小学生の頃からの憧れです。中学校に進学してからも、やっぱり良い先生にばかり出会ったことで、ますますその気持ちが強くなっていきました。

例えば、鳴瀬未来中学校のときに岩手の大森御神楽っていうのを三年間やらせてもらっていて、それを指導してくださったのが制野俊弘先生でした。先生との出会いが教員になりたい気持ちをさらに強くしました。何も知らないでこれから生まれてくる子どもたちとか、震災のことを忘れてしまっている子どもたちに「着衣泳」を通して自分のいのちを守る力を身につける教育をしていこうと思っています。

齋藤　茉弥乃さんの話を聞いていると、自分で自分のいのちを守る「自助」の力が本当に大切なのだとあらためて教えられました。まさに安倍志摩子さんの「着衣泳」の教えがあったからこそですね。茉弥乃さんには、そういう心意気で先生になってもらいたいですね。たくさんの子どもたちが茉弥乃さんを必要としてくれるはずです。

茉弥乃　あらためて母を前にして話しましたが、自分が何を目的に「語り部」の活動をしているのかをはっきりと話したことがなかったので、ちょうどよかったです。

恩送り

「仰げば尊し」という唱歌がある。卒業式で歌われなくなってから久しい。歌詞の内容に抵抗を感じる人がいたり、歌詞そのものが古くさいといった理由で、学校から遠ざかってしまった曲である。避難所と自宅を往復する日々が続いていた頃に、中学校時代の恩師と卒業式で歌った「仰げば尊し」を思い出した。卒業式はいつの時代も友達や先生の顔を思い出させてくれるし、「恩」の感情を自然とよみがえらせてくれるものだ。

互いに睦《むつみ》し　日頃の恩
別るる後にも　やよ忘るな
身を立て名をあげ　やよ励めよ
今こそ別れめ　いざさらば

この二番の歌詞を読むと、「互いに睦し日頃の恩」は仲間同士で育んだ「恩」だとわかる。生徒同士がお互いを認め合い、学び合い、高め合う人間関係によって育まれる「恩」である。こうしてみると、「恩」という言葉の意味は、上下関係や師弟関係の意味合いだけではない。日本固有の地域社会の中で、長い時間をかけて培われてきた「共助」の精神から生まれたものである。震災後は特にそう感じるようになった。

例えば、「村八分」という言葉がある。一般的には仲間はずれにすることの意味で使われている。それでは、「村八分」の残りの二分は何だろうか。それは「葬送」と「火災」である。「火災」は「災害」と考えてもいいだろう。どんなに仲間はずれの制裁を加えても、葬送と火災（災害）だけは、お互いに助け合う可能性を残しているところに日本固有の共同体の原形を見いだすことができる。

つまり、「村八分」の残りの二分は、「絆」という言葉に象徴される「共助」の力なのである。四季折々の光景が日本固有の文化を育み独特な風土を育んできた。その根底に息づいているのが「恩」の人間関係である。「恩恵」の意味は果てしなく広く限りなく深いのである。

震災後、誰もが一番目にした文字は、おそらく「絆」だと思う。日本人はなぜこの「絆」という文字を好むのだろうか。なぜか国外から寄せられたメッセージにも「ＫＩＺＵＮＡ」と書かれていることが多い。今を生きる子どもたちが、どうして「絆」や「恩返し」という言葉を口にするのだろうか。学校の教育活動で消えつつある「恩」という言葉が、地域社会でこれほど使われるのはどうしてだろうか。「恩」という文字の中に「公助」と「共助」の精神が息づいているからだと私は考えている。

ときどき、妻とふたりで「恩返し」と「恩送り」の話しをすることがある。いろいろな人たちから受けた「恩」は、その人たちに返すことができないから、自分の周りの人たちや次の世代に送っていこうと考えている。

私には、これからの時代を生き抜こうとする子どもたちに対して、自分が受けてきた「恩を送る」責任と義務がある。古い考え方だと思われるかもしれないが、私の教育観であり人生観でもある。「共助」の教えは日本固有の風土で培われた生活の知恵であって、災害大国日本の生活実感でもある。

最近、私と同郷の歌手で、ａｓａｒｉ(あさり)さんが作詞・作曲した「恩送り」という曲を聴いた。

母がくれた奇跡の光
父が紡いだ希望の光
たしかに私に宿る
命の光
私が生きることで放っていくよ
「ありがとう」と伝えることはできなくても

感謝の気持ちをチカラにして
生きることで恩返し
そばにいても　離れていても
あなたを想う　恩送り

「恩」の精神は若者のこころに間違いなく宿っている。「語り部」の活動をしている若者たちにもきっと同じような思いがあるにちがいない。勇気をもって語り継ぐことを決心し、「いのちをつなぐ」役割をになう「語り部」たちの願いは、いつか必ず誰かのこころに届き、「希望の灯り」をともしてくれると信じてやまない。

◇エピローグ

別れ、そして出会い――

智也君、恵美さんのお母さん、私

東日本大震災後、いまだに行方不明の教え子がいる。そして、亡き母の民宿の再建を心に誓い懸命に生きている青年がいる。木下智也君である。新北上川河口に位置する長面海岸の民宿「松原荘」が彼の生家であり、長面海水浴場には毎年多くの人が訪れていた。母親の木下恵美さんは、私が三年間続けてクラス担任をした生徒であり、生涯忘れることのできない教え子である。震災以降、この長面地域を訪れるたびにやるせない悲しみが込みあげてくる。

私にとって、教え子が「いない」のと「亡くなった」のはまったく違う。自分の中で今なお変わらずに生き続けているからだ。

二〇一五年一月、国連ユースリーダーシップキャンプが石巻西高で開催された。アジアからの参加者が多く、文化や宗教上の理由から食事制限があり、神経を使って調理する必要があった。その調理を担当してくれたのが木下智也君だった。私は彼に伝えた。

「智也君のお母さんが、私を助けようとして君と出会わせてくれたんだよ」

自分の母親の優しさと芯の強さを知ったとき、彼はこらえきれずに泣いた。教え子との耐えがたい別れもあったが、その子どもに助けられるという不思議な縁を感じた。

記憶から記録へ――

「あの日」から今日まで私は走り続けてきた。そして今、「風化」にあらがいながら震災を語り継ぐもう一人の自分がいる。

東日本大震災の受け止め方に温度差があるのはやむを得ない。しかし、復旧や復興が道半ばの状況にありながら、多くの被災者が繰り返される季節の中で懸命に生きているのは、紛れもない事実である。

例えば、復興住宅に入居が決まり新しい生活をはじめたときには、地域のコミュニティーがなくなり不安や孤独感にさいなまれる人が多い。また、仕事を失った不安を抱えながら働き続けている人たちもいる。

学校再開から七年の歳月が流れたことで、子どもたちの「こころのケア」が終わったと思っている人も多い。しかし、震災で傷ついた人の「こころ」は、そんなに簡単に癒えるものではない。ましてや、それぞれの学校で「こころのケア」の取り組みが「記録」として残らなければ、教職員に当事者意識が育たないのは当然である。あの惨状の中で生と死の境界が希薄になり、恐怖と隣り合わせの日常生活を強いられてきた子どもたちへの「こころのケア」はまだ終わっていない。災害と災害の間を生き抜く子どもたち、先の見えない不安な社会を生きる子どもたちに対して、学校は何ができるのだろうかと問い直し続けなければならない。

「教育の力とは何か」をつきつめていくと、「防災という教育」を切り口にした「いのちの教育」を学校の真ん中に位置づけることだという結論にたどりつく。日本の未来と世界の平和を担う子どもたちに対して、ゆるぎない「いのちのタスキ」を確実に手渡すのが大人の責務である。

その意味で学校が果たすべき役割はあまりにも大きい。最近の教育現場を見ていると、「風化」は学校から始まっていると思えてならないときがある。地域に生きる人たちは地域のコミュニティーを支えにしながら生きている。学校は地域のコミュニティーをそれほど意識しなくても教育活動が行われる。

私が震災を語り継ぐ活動を続けているのは、生かされてきたことへの「恩返し」であり、これから出会う人たちに「恩送り」をするためである。

最後になるが、この書を刊行するにあたり、対談をはじめ原稿の掲載にこころよく応じてくださった方々に改めて感謝したい。とりわけ、毎日のように新聞記事に目を通して必要な情報を提供してくれた妻の支えがあったことをここに記しておきたい。

齋藤　幸男（さいとう・ゆきお）
○1954年6月25日宮城県塩釜市生まれ。
○東北大学文学部卒業。宮城県の高校教員として35年間奉職。
○2011年3月11日に東日本大震災が発生したとき、石巻西高の教頭として避難所運営にあたる。震災当時の石巻西高は、指定避難所ではなく教職員だけで44日間の避難所運営を行った。そして、体育館が最大700名の遺体仮安置所・検視所となり、校舎は約400名の地域住民の避難所となった。さらに、在校生9名と新入生2名の計11名が犠牲になったが、生徒一人ひとりの心に寄り添いながら教育活動を再開していった。その後、同校の校長に昇任してから震災の教訓を語り継ぐ活動を始め、退職後も防災教育を切り口にした「いのちの教育」を広めるために全国を歩いている。

生かされて生きる
～震災を語り継ぐ～

発　行　2023年12月19日　第1刷
（2018年6月3日初版の改訂）
著　者　齋藤　幸男
発行者　武井　甲一
発行所　河北新報出版センター
〒980-0022
仙台市青葉区五橋一丁目2-28
河北アド・センター内
TEL　022（214）3811
https://kahoku-books.co.jp
印刷所　山口北州印刷株式会社

定価は表紙に表示してあります。
乱丁、落丁本はお取り替えいたします。

ISBN　978-4-910835-12-9